日本亞馬遜排行榜 NO.1

真希望
高中數學
這樣教

前言

・將每日營收輸入 Excel，計算標準差。
・以多項式擬合股價走向，用微分預測未來發展。
・用向量式表示三角形，以函數計算機取得邊長值。

就文組的人看來，應該會覺得，

以上每句話都不知所云，而且根本沒有了解的必要吧。

身為文組一員的我，也是這麼想。
心情彷彿是「學數學的時光，有如遠日的煙火。」

某一天，我接到之前那位編輯誠意滿滿的聯繫。

西成教授的國中數學課程，
簡單好懂到讓人感動，對吧！
要不要挑戰層次更高的高中數學？
想必，
你一定會答應的對吧！？

層次升級的
高中數學……？？？

我驚訝到說不出話來。

不諱言，上次只花 5、6 個小時，重新上過標榜「克服數學恐懼！」的國中數學後，前所未有的豁然讓我感動不已。那些精華內容整合在《真希望國中數學這樣教》一書中，獲得了廣大讀者的迴響成為熱賣 20 萬本的暢銷書。

我自己在國中學數學時跌了很大一跤，而讓我真正遭受重擊，決意遁入文組之路的絕對是高中數學。我敢說自己肯定還無法搞懂。

該如何是好……
然而，這位編輯又說了，

我們收到來自全國讀者雪片般的信件唷。
吶喊著「也救救我文組的高中數學吧！」
……我們不做也不行了對吧？

呃…好……我接。

明明下定決心了回答卻超小聲。

然而，說了可別大吃一驚。
正港文組人的我，只上了 5 次課就打敗了人生中的宿敵──高中數學。

這次請到的老師，是我擅自稱他「數學界池上彰」的東京大學西成活裕老師。

老師是日本首屈一指的數理科學家。他專門以生活中的交通阻塞、工廠效率等各種「壅塞」狀況為研究對象，再以數學計算出最佳問題解決方案，也是「壅塞學」的資深專家。

簡言之就一句話，老師真的超厲害的啦。
是日本國寶，也是我們文組人的希望之星。

我十分訝異於自己上課前後的差異。
這已經不是什麼「對數學的頭痛感消失」這種層次了。

在我腦中所謂的數學，

從「被學校強制灌輸的知識」轉變為
「會主動使用的實用道具」了♪

我是個已經年過四十，需要更加獨當一面的中年男子。
身處在這個人生轉折點的我，獲得「數學」這個得力工具，老實說真的很開心。
我確實感覺到，自己的人生有了更多選擇。

本書是《真希望國中數學這樣教》的續作（前作幾乎網羅了所有國中數學內容），涵蓋了高中「文組數學*」的 9 成內容，還澎湃贈送給大家原本只有理組人要學的「向量」與「微分積分」。

這本書可以幫助大家快速、輕鬆的掌握高中數學，所以可能在閱讀之後，會對學校的課程感到不耐煩，其實應該把這本書列為「18禁」才對（笑）。不過，如果各位在上課前讀過這本書，面對學校考試毫無疑問能突飛猛進的成長。

　　此外，沒有讀過前作《真希望國中數學這樣教》的人，也請放心，並不會影響你理解本書的內容。不過，因為在前作裡頭涵蓋了「為什麼要學數學？」這類根本性的內容，所以對於「想好好重新學習數學」的朋友，建議可以從那邊開始入手。

　　那麼，文組的各位。一起來開啟高中數學的大門吧！

已不再為數學所苦的
鄉 和貴

＊指於大學入學考試中針對文組出題的數學範圍。

前言 ·············· 2

登場人物介紹 ·············· 14

第1天 數學的樂趣在哪裡？

第1小時 其實並不可怕的高中數學

「好想學真正實用的數學！」 ·············· 16

高中數學比國中數學還簡單！？ ·············· 20

第2小時 超精簡的創新數學課！

果斷刪去八成教科書內容！ ·············· 24

世界首創！「西成流」數學分類法 ·············· 26

高中數學中最輕鬆的是「代數」 ·············· 30

高中數學的顛峰是「微分積分」 ·············· 31

超好用的工具「餘弦定理」 ·············· 34

真正的幾何大魔王是「向量」 ·············· 36

COLUMN 文組無法理解數學的理由 ·············· 38

第2天 輕鬆致勝！搞懂「代數」就能精通高中數學！！

第1小時 速速學會統計學基礎

數據處理的 3 大必備裝備 ·············· 40

為什麼「增加個數」很好用？ ·············· 41

「排列組合」是指什麼？ ·············· 44

看離散程度的「標準差」 ·············· 47

第2小時 記住「級數相加」的方法

天才少年高斯發現的「倒序相加」 ·············· 50

超好用！任何等差級數都能用 ·············· 54

嚴禁直接死背公式！ ·············· 56

導出等差級數和的公式 ·············· 57

豐臣秀吉被擺了一道！數學變黃金的故事 ·············· 63

等比級數是「相乘後錯位相減」 ·············· 66

導出等比級數和的公式 ·············· 69

先知道處理級數和的符號！ ·············· 74

COLUMN 把數學記號當作是學外語 ·············· 83

記住
「排列組合法」

從賽馬了解「排列」與「組合」 ·············· 84

Step① 了解階乘的計算方法 ·············· 86

Step② 了解排列的計算方法 ·············· 92

Step③ 了解組合的計算方法 ·············· 93

了解「排列」與「組合」的式子 ·············· 97

「排列」和「組合」的符號是「P」和「C」 ·············· 103

運用「排列」和「組合」排班表 ·············· 104

搞懂「變異數」
和「標準差」

資訊分析的基礎是找到「數據的規則」 ·············· 108

兩個步驟找出離散程度 ·············· 109

平均、離散、標準差的關係 ·············· 110

平均、離散、標準差的符號 ·············· 119

試著用 Excel 計算標準差 ·············· 122

也把「偏差值」的計算公式記起來 ·············· 124

附註內容① 靈活的平均世界 ·············· 125

附註內容② 平均值、中位數、眾數 ·············· 128

第3天

超爽快！掌握高中數學的「分析」！

第1小時
豁然開朗！函數的世界

函數與方程式的差別？ ……………… 134

高中數學的 4 種函數 ……………… 138

COLUMN　少年西成的理科腦情書 ……………… 139

第2小時
來複習二次函數

速速複習！二次方程式 ……………… 140

畫出二次函數的圖形！ ……………… 145

COLUMN　物理學家是名偵探 ……………… 155

第3小時
指數函數超好用！

記住指數函數的相關用語 ……………… 156

基本規則① 乘冪相乘時，指數相加 ……………… 158

基本規則② 乘冪再乘冪時，指數相乘 ⋯⋯⋯⋯ 160

基本規則③ 乘冪相除時，指數相減 ⋯⋯⋯⋯ 162

指數是負數時會怎樣？ ⋯⋯⋯⋯ 163

指數是「0」的時候會怎樣？ ⋯⋯⋯⋯ 165

根號可以轉換成指數運算 ⋯⋯⋯⋯ 167

統整指數運算的處理方式 ⋯⋯⋯⋯ 170

將指數函數做成圖形看看！ ⋯⋯⋯⋯ 171

順便來談談「對數函數」的內容 ⋯⋯⋯⋯ 175

天文數字也可以處理的對數函數 ⋯⋯⋯⋯ 177

指數函數與音樂的深～度關係 ⋯⋯⋯⋯ 182

用 iPhone 計算指數函數的方法 ⋯⋯⋯⋯ 187

第 4 天　秒懂高中數學的「幾何」精髓！

第 1 小時　不再霧煞煞的「三角比」

以餘弦定理搞懂三角形 ⋯⋯⋯⋯ 190

畫三角形時的西成流作法 ⋯⋯⋯⋯ 192

sin、cos、tan 是指「邊長比」 ⋯⋯⋯⋯ 193

忘掉 tan 的存在吧！ ⋯⋯⋯⋯ 197

直角三角形的定義中必要的 θ ⋯⋯⋯⋯ 199

三角比經常出現的陷阱題 ⋯⋯⋯⋯ 202

第2小時 俐落導出 餘弦定理公式

用三角比可以做的事 …………… 206

導出餘弦定理① 事前準備 …………… 207

導出餘弦定理② 成立公式、解開 …………… 210

導出餘弦定理③ 先來證明 $\sin^2\theta + \cos^2\theta = 1$ …………… 214

導出餘弦定理④ 完成 …………… 216

餘弦定理與畢氏定理的關係 …………… 217

第3小時 學習最後的 分析工具「三角函數」！

三角函數只是將 θ 與 y 的關係圖像化 …………… 220

第5天 特別課程① 幾何的最終武器 「向量」！

第1小時 偉大的「向量」

用代數解幾何問題！？ …………… 228

「短短數行」就能證明餘弦定理 …………… 231

了解「向量」的超嶄新概念

向量是集結兩種資訊的「特殊容器」 …………… 232

眾所熟知的「純量」 …………… 233

數據時代的主角「張量」 …………… 235

為什麼需要向量？ …………… 238

「向量」是用箭頭當作記號喲

向量的書寫規則 …………… 240

張量的畫法 …………… 241

試著把向量畫成圖 …………… 242

「向量」的計算超簡單！

來算算向量的加法吧 …………… 246

也來算算向量的減法吧 …………… 251

試著分解向量吧 …………… 253

試著挑戰向量的乘法 …………… 254

靠「向量」秒殺餘弦定理！

使用向量瞬間導出餘弦定理！ …………… 262

不論幾次元都能處理的向量 …………… 268

COLUMN 少年來了！（上篇） …………… 272

第6天 特別課程② 用「微積分」預測未來！

第1小時 人類的寶物！了解微分積分

微分積分與函數的關係 …………… 274

今天的主題是「三角形面積」 …………… 276

牛頓 VS. 萊布尼茲的仁義之戰 …………… 280

怎麼區分最合適？ …………… 281

用微積分計算三角形的面積！ …………… 287

來認識微分積分的符號 …………… 297

COLUMN 少年來了！（下篇） …………… 301

第2小時 用 Excel 預測未來！

現代人就用 Excel 預測未來 …………… 302

掌握 Excel 的使用方法！ …………… 304

「數學家」、「AI」、「統計學家」的差別 …………… 312

後記 …………… 316

登場人物介紹

教學者
西成活裕 老師
東京大學先端科學技術研究中心教授

年僅 42 歲就當上東大教授的超級菁英，抱持著「希望能讓小孩、學生、家庭主婦都能喜歡上數學！」的想法，拯救眾多「數學麻瓜」的偉大人物。興趣是歌劇（還是出過一張唱片的斜槓歌手）。

學習者
我（鄉和貴）
以撰稿為志業的純文組人

從國中時期就為數學所苦，自從高中在微積分考試拿到 0 分後，就完全和理組之路背道而馳。之後，連看一眼數學的「數」都不願意。但在西成教授的課堂中重新學會了國中數學，後來更順勢打敗了人生中的宿敵——高中數學。

責任編輯
「想治好對數學的恐懼！」簡而言之，就是個為了解決自己的煩惱而把別人捲進來的罪魁禍首。

第
1
天

數學的樂趣
在哪裡？

Nishinari
LABO

其實並不可怕的高中數學

「文組數學」聽起來有比較平易近人嗎？說到底，高中數學還是大家心中的一道高牆啦。然而，西成教授卻掛保證說，其實沒有大家所想的這麼難哦～究竟是怎麼樣的簡單法呢？一起來看看吧。

⇨ 「好想學真正實用的數學！」

喔，是我的愛徒呀！！！請進來吧。

老師！拜託您了！

弟子一號鄉同學，我已經把「國中數學」這個秘密武器傳授給你了……你教會你女兒了嗎？

哎呀呀，她才三歲而已啦（笑）。不過呢，多虧老師的教導，我才能夠重新學會國中數學，對數學的恐懼症也好像消失了。教我女兒，沒問題啦（得意）！

＋…三…＋…八

那真是太好了！來喝杯咖啡吧……。我最近看的一齣歌劇，非常精采喔！

 啊，不不不，才要開始進入正題啊……（汗）。

 ？？？？？

 老師在國中版的課程中有說過吧，「**學數學的目的是解決各種世界上的問題**」。

 是的。將數學發揮到極致是「純數學」，將數學應用到生活中則是「應用數學」，**我可是貨真價實的應用數學派。**所以，沒錯！數學就是要解決身邊的問題啊。

 是沒錯啦。不過說穿了，**工作和日常生活都不會用到二次方程式的嘛**……。

認為數學派不上用場的人，
只是不想讓數學變得有用。

當初老師這句話在我心中留下深刻的印象，不過，不知道該
說是**沒碰到能活用數學的時候呢**，還是**我沒留意到
呢**……

原來如此！你會這麼想是很正常的。

小學或國中學到的算術或數學知識，用棒球來比喻的話，多
半就是「握球棒的方法」或是「接飛球的方法」等基本功。
到了高中、大學，才開始將那些技巧組合起來，以「成為棒
球選手」為目標。

就像「點」連成「線」那樣嗎？

 沒錯。**大概到高中數學的階段，將之前片段的學習迅速連結起來，可以實際感受到「原來數學是這麼厲害的東西喔？好強啊！」**。

 那麼，高中數學能夠學到相當實用的知識嗎？（吞了吞口水）

 可以的。用數學處理社會課題是我的工作，所以也盡可能只**教實用性的內容**。對想重新學習數學的大人來說，可以獲得在工作或生活上都能派上用場的知識應該更好吧？

 因為現在沒有要參加考試了嘛。

 就是說阿。所以這次就來挑戰高中數學吧！！這課程的終極目標，是希望讓文組的各位也能體會到比「國中版課程」更強烈的「啊，原來數學超好用！」。

高中數學比國中數學還簡單！？

 不只如此喔。讓高中數學比國中數學簡單，可是我長久以來的夢想呢～

 什麼？老師，這樣就有點太……。

畢竟稍微想一下，就有「微分積分」「向量」「指數函數」等，根本就是超級魔王大集合不是嗎？光是說出口，我就覺得有點頭皮發麻了……。

 這些項目被認為是大魔王的原因是出現了許多新的概念、新的符號。不過只要克服那些，終究會熟能生巧，發現高中數學其實並不難。

 （想像中）真的假的？……

 當然啦，因為高中數學是建立在國中數學的基礎之上，所以有「進階」的概念。不過呢，「從學習者的角度來看」的話，國中生和二次方程式的廝殺更激烈。

關於這點，鄉同學從《真希望國中數學這樣教》的課堂中順利畢業了對吧。

嗯，那倒是。

學習呢，**本來就是不斷反覆練習的過程，但是到了某個時間點就會突然覺得很簡單。**

運動或學樂器不也是這樣嘛？咬牙堅持下去，某一天就會達到「什麼嘛，原來不過如此」的境界，數學也是一樣的。

我一定要突破你！

哎呀，像我這種「文組人」，與其說是不擅長數學，更該說是老早就放棄數學的人吧。

這就是關鍵！

在練習的過程中，一旦出現「我不要玩了」的瞬間，成長就停止了。這也是理組，尤其是數學這種「累積式學習」的困難點。像文組在讀歷史或念語言時，即使跳過外國史、避開

繁瑣的英文文法，總還是能旁敲側擊，但數學比較沒辦法這樣。

數學是「累積式學習」

比方說，國中時在「x」上跌倒，就無法了解二次方程式；在二次方程式跌倒，就無法理解大部分的高中數學。

另一面，高中老師是以「學生都已經理解國中數學」為前提來上課，這是齊頭式教育的盲點。

其實，我想不太起來高中數學老師長怎樣耶。竟然不想努力到那種地步⋯⋯。

這樣的文組生很多呢。不過呢，如果從中堅持下來，一步步確實吸收國中和高中的數學內容，到高中的某個時間點，視野會突然拓展開來的。

就是所謂「數學好厲害！！」的感覺嗎？

沒錯。從小學開始，花費了 10 年以上學數學的理由終於真相大白的感覺。

那種感覺呢，我想理組人大概都懂，但大部分文組人可能都沒感受過，所以希望透過本書讓大家都能體驗到這種喜悅。

聽起來很有趣呢……。

你也太好說服了吧（笑）。

說實在的，國中數學也有「讀好幾次才能理解」的內容。像是解二次方程式的公式導法，如果沒有足夠的思考體力，就很容易跟不上。

不過我想這次會讓人有「欸？已經結束了嗎？高中數學就這樣而已喔？」的感覺喲。

真～的假～的（帶點懷疑的眼光）。
那、那麼，我就相信老師，努力看看吧……！

超精簡的 創新數學課！

要有效率地理解高中數學，最大的祕訣在於「目的明確」與「去蕪存菁」！這裡要為大家說明世界首創刪去 80%一般高中數學的西成流課程。

➡ 果斷刪去八成教科書內容！

說是可以簡單進行，但高中數學範圍很廣欸……就跟俄羅斯的國土一樣。

所以這次在架構上，我花了相當多的時間研究。
哎呀，根本把自己的研究甩一邊去了。

那還真……是太感謝您了（笑）。
還是跟以往一樣，忽略教科書的模式嗎？

那可不行（笑）。
不過我排除了不必要的內容，
大概砍掉 80%了吧，與一般
教科書相比超級精華喲。
其實我啊，自認旅行行李的輕
便度是達人等級。不管是兩天
的國內出差或是一週的國外出
差，行李分量都是相同的。

來去一下
德國囉。

萬一有東西少帶呢？

 在當地買不就好了嗎？

就像只帶最低限度的行李一樣，我認為**教學也要以「最低限度」為佳**。也就是，**只要讓學生專注在最重要的部分就好**。畢竟，到了迫不得已的時候，學生自己總會有辦法的不是嗎？別忘了我們身邊都還有智慧型手機可以幫忙。

相反地，**如果老師不斷塞給學生資訊**，像過度保護孩子的父母般嘮叨著：「這個先拿著吧」「那個或許也會用到」，就會出現一個個被過量資訊壓垮的學生。

 您是在說我嗎？（笑）

 因為我只抽出高中數學最重要的部分，希望透過這本書證明絕對可以將魔王般的高中數學課程簡化到這種程度！

25

⇨ 世界首創！「西成流」數學分類法

 那麼跟國中數學一樣，這次也要先定出最終關卡的大魔王（目標），為了擊敗大魔王，我得先取得所需的數學裝備，對嗎？

 那當然！我首先要做的是幫助他們建立整體概念和目標意識。

 最適合像我一樣在高中數學中重度迷失的大人呢。

 我不會像學校課本那樣一下講這裡、一下講那裡，讓學生有「學這個要幹嘛啊……」「到底在講什麼東西？」的感覺。有了那些裝備，就可以走最短路徑打敗大魔王，你也會很有成就感的！

 那麼，高中文組數學的大魔王是什麼？

 在國中版說明過，數學大致可分成數字與算式（代數）、圖表與函數（分析）、圖形（幾何）三大領域。

還記得嗎？

數學包括……

代數（algebra）＝數字・算式
分析（analysis）＝函數
幾何（geometry）＝圖形

分成
三大領域

像這樣♪

 這個我記得！
而且每個領域都有各自的目標呢。

 沒錯。
國中數學的目標是這樣設定的：

國中數學的終點是……

代數 ➡ 一元二次方程式

分析 ➡ 二次函數

幾何 ➡ 全等、相似形

有這些目標。

 多虧這樣的分類，讓我順利破關了……！
真的非常感謝老師。

這次呢，因為要挑戰的是高中數學，並以曾在高中受挫的文組人為對象，所以設定了原創的**「超重點目標」**。請一起看看下方。

所謂高中文組數學是指……

代數 ⇒ 能夠處理數據
分析 ⇒ 精通 4 種函數
幾何 ⇒ 畢氏定理一般化

有這些♪

喔喔！感覺目標超精簡。

這可是我絞盡腦汁的「**終極文組高中數學指引**」。為了讓學生都能安心服用，我足足**砍掉一般教科書 80%的內容！**決定前我還想著：「要做到這種地步嗎？」（笑）。不過，重要的精髓我可一個都沒漏。

沒想到竟然…！
砍掉 80%
健康♡

然後，為了擊倒高中文組數學大魔王，我設定必須取得的主要裝備如下。

<高中文組數學的目標>

能夠處理數據！→打敗代數大魔王

　主要裝備：級數的計算

　　　　　　排列與組合

　　　　　　變異數與標準差

精通四種函數！→打敗分析大魔王

　主要裝備：二次函數

　　　　　　指數函數‧對數函數

　　　　　　三角函數

畢氏定理一般化！→打敗幾何大魔王

　主要裝備：理解三角比（sin、cos）

　　　　　　證明餘弦定理

此外，本書也會稍微跨到高中理組數學，收錄兩個生活中也能派上用場的特別課程。

<特別附錄♪理組數學>

特別課程①「理解向量的概念！」

特別課程②「理解微分積分！」

順帶一提，我是完全忽視課綱中什麼「數學Ⅰ」「數學A」這種意義不明的分類（笑）。

 確實有那樣分類呢……。雖然本來就不記得一般教科書的架構，不過的確不如像這樣清晰、依照目的類別整理耶。

 因為這種分類，**是世界首創**（笑）。

⇨ 高中數學中最輕鬆的是「代數」

 所謂代數就是用 x 或 y 這種文字來建立式子處理計算，對吧。

 沒錯。你已經融會貫通「國中數學」了呢～。**把未知的東西先設為 x，建立式子，算出 x 的值**。這是人類大腦睿智的展現。

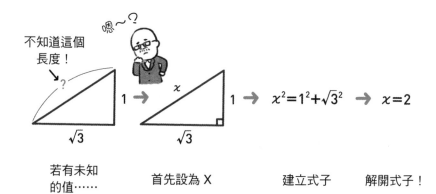

| 若有未知的值…… | 首先設為 X | 建立式子 | 解開式子！ |

30

在國中課程的代數中，老師以陶醉的表情教我們說「不知道的東西就先以 x 取代，再從因果關係導出答案 」（笑）。
而那個代數的大魔王是「數據處理」嗎⋯⋯？？？

你觀察入微呢！這點尤其是劃時代的概念。廣泛說來，世界上的教科書中，應該沒有在談代數時提到「數據」。

不過實際上高中代數的內容，都是以後進入職場在處理資料時會用到的實用知識呢，而且完全沒有困難的計算。國中代數有二次方程式，雖然是三個領域中最困難的，但在高中課程中代數反而是最簡單的。

我⋯⋯我就信了吧（汗）。

高中數學的顛峰是「微分積分」

「分析」就是函數和圖表的世界吧。

沒錯。而分析最終的目標正是微分積分。為什麼呢？因為數學中提到的「分析」原本就是指「進行微分積分」的意思。

啊，原來如此！

是的。所謂「○○函數」，它的定位都是「使用微分積分去分析的對象」。

函數與微分積分經常都是一起使用，所以從國中開始才逐漸增加函數的種類。

如此一來，世界上複雜的現象就能用分析來處理了。

原來是那樣的關係啊！

不過看課程發現，文組數學只要「能理解微分積分的概念」就夠了。實際上要用計算機解複雜算式的只有理組的學生。

真～好（笑）。話說……「微分積分的概念」不是在國中版就上完了嗎？

正是那樣。《真希望國中數學這樣教》內容好像搞得太過澎湃了呢（笑）。

不過，這次會使用代數中獲得的「數列」這項裝備，並再說明得更詳細一點。然而因為這已經脫離文組數學，請容許我在最後一天再單獨授課。**期待出現令人感動的最終章。**

有一點點期待啊。

所以呢，在第三天進行的分析課程會讓你精通幾個函數。

具體來說是二次函數，指數函數及對數函數。

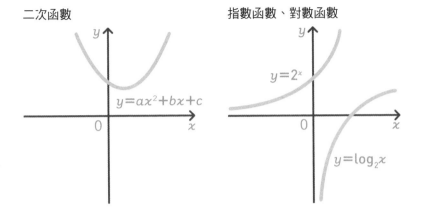

二次函數

$y=ax^2+bx+c$

指數函數、對數函數

$y=2^x$

$y=\log_2 x$

二次函數在國中版也有上過，會稍微複習一下。

還有，高中課程的三角函數，**本書會在第四天課程談幾何的時候，與三角比一起學。**

三角函數

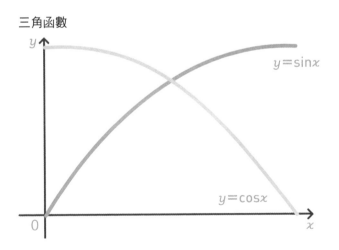

$y=\sin x$

$y=\cos x$

喔喔，雖然不是很懂但感覺很有效率。

再進一步說，因為對數函數有點像指數函數的贈品，**實質上主要要學的只有指數函數而已**。

 咦？意外地少呢。

 就說嘛，要以最精簡的方式來學啊。

⇨ 超好用的工具「餘弦定理」

 最後談到的是幾何，幾何就是圖形，我們要解決的大魔王是「畢氏定理一般化！」。

 完全不知所云。

 高中有個**畢氏定理擴充版**之稱的餘弦定理，我們要學會證明這個定理。

 所謂擴充版是指？

 畢氏定理是表示「直角三角形」三邊關係的定理（$a^2+b^2=c^2$），若使用餘弦定理，就能用來表示**任何三角形的三邊關係了**。

畢氏定理	餘弦定理
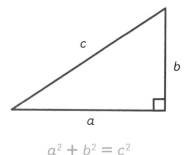	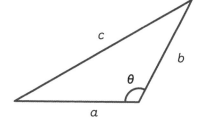
$a^2 + b^2 = c^2$	$a^2 + b^2 - 2ab\cos\theta = c^2$

 喔喔，好像蠻好用的。但是我的學生時期好像沒有聽過餘弦定理。

 一定有上過的啦（笑）。不過……為了理解餘弦定理，必須先搞清楚讓眾多文組人感到挫折的 sin、cos、tan 三角比。

 出現了！
文組的宿敵，三角比！

 是吼。如果在三角比就跌跤的話，餘弦定理的內容就會完全無法吸收。所以實際上幾何課程難的是搞懂三角比，我

35

會努力讓大家都聽明白的。

⇨ 真正的幾何大魔王是「向量」

呃？不過在國中版裡，您是不是曾經說過「**高中的幾何大魔王是向量**」？

正是如此！

過去長久以來把「向量」視為幾何的大魔王，在新課程中，看到它從文組數學消失了（泣）。

越來越輕鬆了啊，現在的孩子……。

不不不！向量在幾何的世界真的是很好用的武器，只要了解向量，無論任何圖形問題都能瞬間破解。**研究學者們在處理圖形時，基本上也只採用向量。**

為什麼呢？因為**在國高中努力學會的三角形和圓形的各種定理，只要懂得「向量的概念」瞬間就能證明。**

蝦毀！？

 我高中在知道向量後，有著「這麼好用的東西幹嘛不早點給我啊！」這樣憤慨的感覺。

因為向量是這麼強大，所以希望文組也能確實理解它。

 被你這樣一說倒是勾起我的好奇心了啦。

 向量最困難的是理解概念，沒有要計算的部分喔！關於向量的課程也放在文組數學結束後以特別課程的形式來進行。

 感覺好像附加兩大贈品的超值雜誌呢。

 沒錯。贈品比雜誌本身還豪華（笑）。

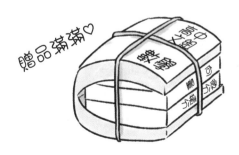

文組無法理解數學的理由

第 **2** 天

Nishinari LABO

輕鬆致勝！
搞懂「代數」
就能精通
高中數學！！

速速學會
統計學基礎

文組數學中的「代數」一課，是以「處理數據」為目標，所以，我們先從學會數據處理必取得的 3 大裝備入手吧。

⇨ 數據處理的 3 大必備裝備

今天打算火速將「代數」上完。目標時間呢，嗯……2 小時左右。

這麼快呀（笑）。

不但要快，還要比平常上課還要好懂 10 倍、有用 100 倍，屬於我的西成式的教法。

前面我們已經設定代數的終極大魔王是「能夠處理數據」，為了打倒牠，要先取得 3 個重要裝備。關於「**數據處理的重要配備**」，也就是以下三者：

<　數據處理的 3 大裝備＞

增加個數

排列組合

變異數與標準差

簡單來說，能夠自由運用「增加個數」「排列組合」「變異數與標準差」就能完美掌握「數據處理的基本」，這就是今天的目標。
我覺得自己簡直是數據科學家了啊！

雖然無法想像是什麼內容，但我開始有點興致了！

⇨ 為什麼「增加個數」很好用？

我簡單說明一下 3 大裝備各自的內容吧。

首先，「增加個數」是指**找出數字排列的規則性，不需要按計算機也能用簡單公式算出總和**。數的排列稱之級數。

嗯？您剛才說「找出規則性」，那「不規則」的話就不能用了嗎？

是的，不能用。比方說想要得出「5、2、5、4、9、1、3」這種不規則級數的總和，只能一一去計算。

當然，如果是已經在工作的人，大概會在 Excel 打上「SUM」這個函數吧。

啊，那個我也有在用！報稅的時候很方便。

是吧。不過，有時候難免也會輸入錯數字，對吧？

的確是，哈哈。雖然相信 Excel，但卻**無法信任輸入資料的自己**。

就是說啊。但如果是規則性排列的級數，不用一一相加計算，也能馬上得出答案呦。

嗯～哼。不過，一個一個土法煉鋼的相加也可以做到啊！

那我反問你一句，**如果數字有 30 萬個呢？你有信心分毫不差的輸入 Excel 嗎？**

一咪咪都沒有！（秒答）

對吧？所以如果學會規則級數的處理，無論再大量的數據都能解決，超方便的啊。

而且，**列成式子後，比方說「1、3、5、7、……」，想知道這個級數的第 2453 個數字是什麼？馬上就能知道。**

1、3、5、7、9、……

↓

第 2453 個數值是？

↓

套入公式 1＋2（2453-1）

↓

答案是 4905！

 順便說一下，這個公式呢，會在（p.58）出現。

 好像真的蠻方便。不過，所謂「規則性」具體來說是指什麼？

 其實數字規則排列的級數呢，

是指和相鄰數字的「差」*
是相同模式（等差級數）
1、3、5、7、9、……

或是，和相鄰數字的「比」*
是相同模式（等比級數）
1、2、4、8、16、……

註：「差」是指公差，公差＝後項－前項；「比」是指公比，公比＝$\frac{後項}{前項}$。

這兩種模式是代表性的規則級數。當「差」是相同模式稱為「等差」，當「比」是相同模式稱為「等比」。

比……嗎？

沒錯。如果級數是「1、2、4、8、16」，就是延續「**2 倍**」的等比級數。

啊啊，1 的 2 倍是 2，2 的 2 倍是 4。

對。所以是等比。雖然也有在大學時才會出現的超狂規則性級數，不過日常的東西幾乎靠這個模式應對就夠了。我會教你那個計算方法，別擔心。

好的。

「排列組合」是指什麼？

接著，來談談「排列組合」。

舉例來說，鄉同學在一間飲料公司研發新款果汁。先預選了 **10 種原物料，並預計要混合其中 3 種來做新的果汁口味。**

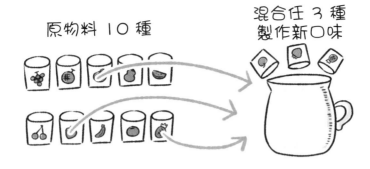

原物料 10 種

混合任 3 種
製作新口味

如此一來，會做出幾種口味呢？

這……。

一下子想不出來吧。

如果把數字減少一點來看，假設預選的原物料有 3 種，從中取 2 種來組合，只要在紙上稍微記錄一下，馬上就會得到「A 和 B、A 和 C、B 和 C」3 種口味。

不過如果數量增加了，全部寫下來也變得很麻煩對吧。那樣的時候，有個公式可以套用，那個之後我會再教你。

順便說一下，按照計算目的不同，「排列組合」又可以分成「排列」與「組合」。

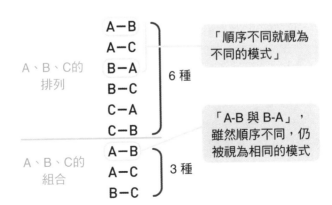

A、B、C的
排列

A－B
A－C
B－A
B－C
C－A
C－B

6 種

「順序不同就視為不同的模式」

A、B、C的
組合

A－B
A－C
B－C

3 種

「A-B 與 B-A」，雖然順序不同，仍被視為相同的模式

45

「組合」是像「在 3 種原物料中選 2 種來排列組合，會有幾種模式？」也就是前面在談的內容。而「排列」就不只是單純任選 2 種，因為關係到風味，其放入的順序也很重要。

的確也有那樣的情況。

就果汁口味來說，若是「組合」，從中選出「草莓、葡萄、橘子」三者時為 1 種；但若是「排列」，以「草莓、葡萄、橘子」的順序放入，和以「橘子、草莓、葡萄」的順序放入，兩者會被視為不同的模式，必須都列入計算才行。

記法是「不用在意順序時」是「組合」；「必須決定順序時」是「排列」。它們導出結果的方法不太相同，後面會仔細教你。

我很期待！

哎呀，其實「排列」這個詞，平常是不太會用到啦，不過喜歡玩博彩的大人會知道。

嗯？……該不會是指……賽馬？

正是如此！「組合」與「排列」剛好可以對應到賽馬中的「複式投注」與「單式投注」。比方說，「三複式投注」就是「只要選中進入前 3 名的馬」就可以了，屬於「組合」。

然而，若是「三單式投注」，就必須預測「第 1 名、第 2 名、第 3 名」各自為哪匹馬，屬於「排列」。

託馬先生的福，超級容易理解的（笑）。

看離散程度的「標準差」

最後一個是「離散值和標準差」。

這是以**不規則資料為對象**。像是全體學生的考試分數、每天變動的股價等。在現實社會中活用這些資料的人一定要理解的「資料處理法」，其實就是計算資料的離散程度。

不規則的資料

A	80 分
B	62 分
C	45 分
D	70 分
E	72 分

考試分數

股價

不規則的資料啊。我只想到計算「平均」……。

那個也很重要！其實計算離散值時也會看「與平均值的差」，所以也會用到「平均」的概念。

原來是這樣啊（稍微放心貌）。

然後，將各自資料的「與平均值的差平方後」再取其平均值，這樣就能知道「差的平均」為何，稱之為「變異數」。而「變異數」開根號取得的數字，稱為「標準差」。當有不規則資料時可以計算出標準差，是這次的學習目標。

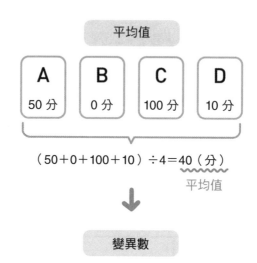

平均值

A	B	C	D
50 分	0 分	100 分	10 分

（50＋0＋100＋10）÷4＝40（分）
平均值

變異數

與平均值 40（分）相差多少？

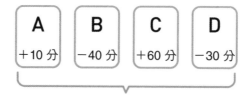

A	B	C	D
＋10 分	－40 分	＋60 分	－30 分

將差值個別平方後求其平均＝變異數

$$(10^2＋40^2＋60^2＋30^2)÷4＝1550$$

變異數

標準差

$$\sqrt{變異數} = 標準差$$

$$\sqrt{1550} = 39.37$$

 所謂「標準差」是……？慘了，腦中開始出現好多問號。

 沒關係啦（笑）。就像在測量長度時以公尺為單位一樣，只要想成測量離散的單位是「標準差」這個東西就可以了。

測量長度的單位 ➡ 公尺、英尺、尺等
測量離散的單位 ➡ 標準差

如果這個標準差很大，可以說是「資料中有著極高值或極低值，離散程度大」，反之，標準差小的話，就是「資料中的數值很多接近平均值，離散程度小」。若沒有離散，標準差就是零。

 您這麼說好像稍微簡單一點了。

 以上三個重點，就是在高中數學學到的好工具，也是在資訊時代的我們生活中的必備裝備，在今天僅利用統計導入的方式就上完了。

記住「級數相加」的方法

了解三大必備條件後,終於要來練習「級數的相加」了。等差級數與等比級數的相加方式各自不同,這堂課會一一說明。

⇨ 天才少年高斯發現的「倒序相加」

那麼,我們立刻來利用剛拿到的第一個裝備進行「級數相加」吧。首先從等差級數,也就是「和相鄰數字的差相同」的級數開始說明。

麻煩您了。

這要從我小學知道後覺得很感動的故事開始說起,關於十九世紀最偉大的科學家——高斯,他從小就是個超級天才。

是老師以前到德國拜訪他老家的人?也是名字成為磁場感應強度單位的人。

沒錯沒錯。聽說高斯在小學時蠻搗蛋的,有次被老師處罰計算「1 加到100」。

卡爾・弗里德里希・高斯
Johann Carl Friedrich
Gauss(1777〜1855)

這對文組人來說，比罰跑操場 10 圈還痛苦……。

 確實是很麻煩呢。因為寫下「1 加 2 等於 3，3 加上 3 等於 6，6 再加上 4 等於 10……」，一直加下去到 100，一般的小孩會邊哭邊算的呀。

但是天才高斯同學不是這樣。他一派輕鬆地對著筆記本行雲流水了一番，瞬間就舉手回答出正確答案。據說老師當場是目瞪口呆。

完美的答案

 簡直就是人體電腦嘛……。

 至於為什麼能那麼快解開，是因為他馬上理解到「解題的訣竅」，並且在黑板上說明了解法。

他最先寫下的，是級數和。

$$1+2+3+\cdots\cdots+98+99+100$$

然而，一直盯著這級數看也毫無進展。於是高斯同學在那級數和的最下方，寫下一行倒序的級數和。

$$1+2+3+\cdots\cdots+98+99+100$$
$$100+99+98+\cdots\cdots+3+2+1$$ 倒序的級數

 哦哦……。

 這兩行級數，只差在排序分別為遞增與遞減，總和不變。上下相對照，你發現到什麼？

 沒，毫無頭緒。

 呃。上下的數字相加，都是「101」呢。

1	+	2	+	3	+……+	98	+	99	+	100
100	+	99	+	98	+……+	3	+	2	+	1

相加都是 101！

哦哦！！

 那麼，加起來是 101 的上下組合總共有幾個？

 1 到 100 的話，100 個！

 沒錯。加起來是 101 的上下組合總共有 100 個，上下級數全部加起來，就會變成這樣。

$$101 \times 100 = 10100$$

 嗯嗯。

 然後，因為上下級數相加的數字是「原本要求的答案的 2 倍」，所以，直接將這個 10100 除以 2 即可。

$$10100 \div 2 = 5050$$

因此答案是 5050。從 1 到 100 全部加起來，會是 5050。

 難以置信⋯⋯！！

等差級數和的算法是「倒序相加」。請記住這個。
只要理解這個小眉角，最後除以 2 的部分也就不言而喻了吧。

這麼痛快就能得到答案啊？

很痛快吧。長久以來人們都不知道這個方法，發現的可是小學生高斯同學，可以說他是級數之父。記得當時是小學生的我，在某本書看到這段內容時可是非常感動呢。

⇨ 超好用！任何等差級數都能用

就算級數間隔不是 1 也能使用嗎？

好問題。當然可以。我們來思考間隔是 2 的級數和吧。

$$1+3+5+7+9+11$$

想求這個級數的和時，只要「倒序相加」。

$$1 + 3 + 5 + 7 + 9 + 11$$
$$\underline{+\,11 + 9 + 7 + 5 + 3 + 1} \quad ←倒序$$
$$12 + 12 + 12 + 12 + 12 + 12 \quad ←相加！$$
$$\underbrace{12 \times 6}_{↑} ÷ 2 = 36$$

12 有 6 份   └因為變 2 倍，所以除以 2

真的欸！那麼……第一個數不是「1」的情況呢？

同樣的解法。

比方說將「2＋5＋8＋11」這個等差級數倒反過來，就是「11＋8＋5＋2」，上下相加得「13」，共 4 組，所以「13×4」算出是 52。
最後將它除以 2 得到 26。

怎麼樣？是不是很簡單？

不但簡單，而且仔細想想，就算沒有實際寫出級數，只要知道有幾組「第一個數字和最後一個數字的相加」，馬上就能算出來呢。

了不起！正是那樣。

➡ 嚴禁直接死背公式！

 不過，難道沒有像公式一樣的東西嗎？

 當然有。可是呢，重要的是理解「倒序相加」，也就是我們現在說明的解法。畢竟**如果能理解剛才的說明，根本就沒必要去背公式**啦。

保持自己導出公式的習慣，是學習數學的重要心態。

一旦變成公式，反而看起來難以親近，結果就是進不了文組人的大腦。

 啊啊，我記憶中關於等差級數的內容一丁點都沒留下，或許就是因為當初背了很多公式吧。如果當時知道高斯同學的趣聞或許會有所不同呢……

 這就對了。

打開教科書通常都會突然端出公式，對吧？但一眼看到公式會產生「哇嗚～！超讚～！數學好有趣～」的孩子，應該幾乎沒半個吧。

我們該學習的是「思考方式」，而非公式。

連我也無法完全記住公式啊！（斷然）

欸欸！堂堂東大的教授耶？

是的。但是因為我確實掌握了「思考方式」，即使過了四十年，現在仍舊能三兩下解開。

⇨ 導出等差級數和的公式

以這個為前提，我們來導導看等差級數和的公式吧。請諒解這是為了讓人能夠理解「原來教科書上的火星文式子是這個意思」而已。

麻煩老師了。

舉例來說，「1、3、5、……、11」的級數。這個級數的第一個數字稱為「首項」，在這裡是 1。用來表示首項的符號可以任用，但效仿數學界的作法就採用「*a*」吧。

$$1, 3, 5, \cdots\cdots, 11$$

首項 *a*

接下來，數字間的差稱為「公差」。在數學裡，多半用表示「相差」意思的 differential 的第一個英文字母「*d*」。在這裡公差為 2。

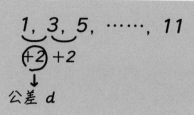

$$1, 3, 5, \ldots, 11$$

$$+2 \quad +2$$

公差 d

 呃？為什麼要特別換成英文啊？

 因為是代數，為了將級數以「式子」來表示。比方說將首項 a 與公差 d 以文字來表示，就能寫成「此級數第 x 個數字為 y」。

<等差級數的一般項>

$$y = a + d \times (x-1)$$

第 x 個　　首項　　　公差　　　公差的
　　　　　　　　　　　　　　　　　　反覆次數

這個式子在課本也稱為等差級數的一般項。也就是「為了計算第 x 個數字的式子」的意思。記得在第 43 頁的級數中，我們要求第 2453 個數的數值，就可以這樣算出來。

 突然覺得烏煙瘴氣……。

 但是內容很簡單對吧。不過呢，你有注意到右邊的「x－1」嗎？為什麼會突然出現「－1」呢？

 確實有突兀的感覺呢！讓人很好奇。

想求級數的第 3 個數字時，直接用「$a+d \times 3$」，會算不出來。「1、3、5、……、11」的級數，**第 3 個數字其實是第一個數字加上連續兩個公差的結果**，「$1+2+2$」就是 5。所以第 3 個數字不是連續加上 3 次公差，而是加上 2 次公差。

第 x 個數字是「首項」加上「連續相加 $x-1$ 次公差」的結果。

我們實際用看看這個一般項式吧。

首項是1，公差是2，級數「1、3、5、……」的第6個數字是多少？

套公式
$$y = a + d \times (x-1)$$
$$y = 1 + 2 \times (6-1)$$
$$y = 11$$

順帶一提，如果是級數的第 1 個數字，不會有公差。只要把 1 帶入 x 就能夠了解。「$1-1$」會變成「0」，所以 d 就消失，只留下首項的 1。

 喔喔……。好像一個月後記憶就會逐漸模糊……「到底是『順序－1』，還是直接按順序放入？」會完全搞不清楚……。

 這就是背公式的弊端，如果只是仰賴記憶就容易出現這樣的失誤。**如果對公式沒把握的話，把數列直接寫出來就可以了。**

接下來，我們用這個公式，列出要計算等差級數和的式子。

 我還以為已經上完了（汗）。

 還剩一點喔（笑）。

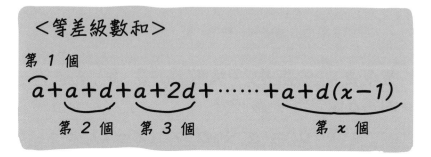

＜等差級數和＞

第 1 個

$a+a+d+a+2d+\cdots\cdots+a+d(x-1)$

第 2 個　第 3 個　　　　　第 x 個

第一個數字是首項 a 對吧？第 2 個數字，因為公差只加了 1
次，「$a+d\times1$」，也就是「$a+d$」。第 3 個數字加了 2 次公
差，所以是「$a+2d$」。而最後的數字是「$a+d(x-1)$」。
因為第 x 個數字公差是連續相加 $x-1$ 次的關係。

 對。

 接下來，我們回想起少年高斯的發明，將這個級數反過來上
下相加吧。

$$
\begin{array}{llll}
a & +a+d & +a+2d+\cdots & +a+d(x-1) \\
+)a+d(x-1) & +a+d(x-2) & +a+d(x-3)+\cdots & +a \\
\hline
2a+d(x-1) & +2a+d(x-1) & +2a+d(x-1)+\cdots & +2a+d(x-1)
\end{array}
$$

其實就像剛剛鄉同學說的，只要將第一個數字與最後一個數字相加就可以了。

$$
a+a+d(x-1) \\
=2a+d(x-1)
$$

那麼這個「$2a+d(x-1)$」會有幾個呢？

 呃……x 個。

 沒錯。所以「$2a+d(x-1)$」乘上 x，除以 2，等差級數的和就出來了。

$$
\frac{[2a+d(x-1)]x}{2}
$$

 哦～看起來……好像很複雜呢……。

這也被稱為「等差級數和的公式」。不過，不用記這種東西啦。在學校大概要花 2、3 小時學生們才能完全收服這個東西。

代數的特徵正是逐漸代換成符號，對不熟悉的人來說，突然用文字與公式說明肯定難以消化，對吧。但是從少年高斯的故事可知，這是連小學生都能理解的內容呢。

 確實很簡單。

 對吧。尤其是只要了解「倒序後上下相加，全都會變成一樣的數字」就可以啦，是文字或公式都無所謂。

 簡單易懂（淚）。

 這樣一來，從今天起任何等差級數都難不倒鄉同學了。

重點 在這裡！〈等差級數和的公式〉

$$項數\ n$$

$$a,\ \cdots\cdots,\ l$$

↑首項　　　↑末項
（第一個數）（最後一個數）

首項是 a、末項是 l，項數是 n 的等差級數和為

$$\frac{n(a+l)}{2}$$

> $l=a+d\ (x-1)$，
> 公差是 d

★死背者留意！千萬記住「倒序相加」！

⇨ 豐臣秀吉被擺了一道！數學變黃金的故事

接下來我們來看等比級數吧，指的是級數中「相鄰數字為相同的比」。

這裡也有個我喜歡的小故事。
在豐臣秀吉掌權的時代，秀吉門下有個叫做曾呂利新左衛門的單口相聲家。在那個沒有 YouTube 的年代，當秀吉需要打發時間時，新左衛門就會說些有趣的故事給他聽。

秀吉有次問他說「你說的故事相當有趣，我想給你一點賞賜。你想要什麼呢？」

於是他回答說「不敢，臣豈敢要賞。主上若非要賞賜臣，賜臣一粒米足矣。」

怎麼那麼謙虛！

是吧。
秀吉也十分驚訝，反問他說「恩？真的一粒米就夠了嗎？」

新左衛門接著說了「不過……」給了一個附加條件。

他說「隔天請給我 2 倍的量，再隔天也要 2 倍，只要連續 1 個月就好。」

 第 2 天是 2 粒，第 3 天是 4 粒，持續 31 次的意思嗎？

 沒錯。於是秀吉覺得「那沒什麼了不起的吧」就順口說了「嗯，准！」。

問題來了。從 1 粒米開始，曾呂利新左衛門在 1 個月後，總共可以拿到多少米？

 嗯……10 萬粒左右嗎？

 差一點。**大約 21 億粒**（笑）。總共有大概 **800 俵**[*]的米。

---

* 大約為 22,400 公斤。

 秀吉豪爽的答應，對新左衛門而言是「正中下懷」吧。

 沒錯。**數學知識可以變黃金呢（笑）**。反言之，如果不清楚這個怎麼計算，或許就會像秀吉那樣感到懊悔吧。

 這個計算方式也是出自高斯嗎？

 佚名，不知道發現的人是誰，也或者是我不知道。不過，可以肯定是在高斯之後。試過套用**小學生靈機一動的「倒序相加法」**之後，結果無法順利解出等比級數的和。這時有個天才發現全新解法。

你知道是什麼解法嗎？

 我想知道！

 接下來請自行上網！（笑）

⇨ 等比級數是「相乘後錯位相減」

 那麼，來吧。假設想求「1、2、4、8、16」這個等比級數的和好了。

$$1+2+4+8+16 \text{ 會是多少？}$$

先試看看「倒序相加」這個戰略是否可行。
好的，如果看過我們國中版的讀者，我想各位能很快理解「未知的東西就設成 x」這個一口氣解決數學難題的方法。

 這次要求的是……「級數和」？

 沒錯。級數和是未知，所以先列出「$x=1+2+4+8+16$」這個式子。

$$x=1+2+4+8+16$$
$$\uparrow$$
因為未知所以設為 x

接下來很厲害喔，看到現在的算式，會有人去思考「兩邊都乘 2 的話會怎樣？」實際上乘 2 後，會變成這樣。

66

$$x = 1 + 2 + 4 + 8 + 16$$
$$2x = 2 + 4 + 8 + 16 + 32$$

← 兩邊乘2
的結果

 等……等一下。**兩邊乘 2 是打哪冒出來的？**

 是這個級數的「公比」。**在等比級數中連續相乘的數值稱為公比，數學裡經常寫成 r**。這次的公比是 2，所以就試著一起乘 2 看看。

 這～樣啊。

 看了這兩條式子，你有發現什麼嗎？

 嗯～哼。完全…沒有……。

 那麼，將下面那條算式的位置，稍微往右挪動一下。

$$x = 1 + 2 + 4 + 8 + 16$$
$$2x = \quad 2 + 4 + 8 + 16 + 32$$

如此一來，你有發現**除了兩端的 1 和 32 以外，上下都是相同數值**嗎？

真的欸⋯⋯。

因為想解出 x 的值，我們將**上下式子位置互換後相減看看吧**。

$$2x = \quad 2+4+8+16+32$$
$$-) \quad x =1+2+4+8+16$$
$$x =-1 \qquad\qquad +32$$
$$x =31$$

驚人的事情發生了。**級數正中央俐落地相抵了。**

而且還得出完整的「$x=$」的式子呢⋯⋯。

沒錯！也就是「1＋2＋4＋8＋16」這個等比級數的和，是「－1＋32」即「31」，這就是答案。瞬間就解開了。

見證奇蹟⋯⋯啊不不不，跳到綜藝梗真抱歉（笑）。感覺像在看一場魔術表演。

等比級數和的解法就是「**相乘後錯位相減**」！

以數學的口吻來說的話，**級數最後的值（這次是 16）乘上公比（這次是×2），再減去首項（這次是 1）的數值，就是等比級數的和。**

只要記住這個的話，不管是在新左衛門的立場或秀吉的立場都不會吃虧。

我想這可以算是諾貝爾獎等級的靈機一動。

那麼，到這裡級數的部分就都上完了，我們征服了等差與等比。怎麼樣，是不是比國中數學簡單？

⇨ 導出等比級數和的公式

 這也有公式對吧？

 有的。為了不讓學生一打開書就頭昏眼花，我來講解一下導出公式的方法吧。

「首項」與等差級數相同，都用「a」來代表；「公比」用「r」來代表。

$$①, 2, 4, 8, 16$$
$$\times 2 \quad ×2 \rightarrow 公比\ r$$
$$首項\ a$$

級數和，我們大多用「S」表示，總和（Sum）的意思。當然也可以選擇平常用習慣的 y 啦，不過慢慢熟悉一些新的符號也不錯。

那麼，我們就來看看如何推導出等比級數和的公式吧！
首先，要先列出計算第 x 項的值、也就是等比級數一般項的公式。
為了容易理解，和前面的等差級數一樣，我們都先將級數的總項數設為 x！

<等比級數一般項公式>

$$y = a \times r^{(x-1)}$$

第 x 個數字　首項　公比　公比相乘的連續次數

 r^{x-1}……是指 r^2 或 r^3 之類的意思嗎？

 如果寫成「$a \times r \times r$」或「$a \times r \times r \times r$」的話，就無法表現「r 的乘法連續 x 次」了。

 呃？不能是「$a \times r \times x$」嗎？

 那樣一來意思完全不同喔。例如 3^2 是「$3 \times 3 = 9$」，但如果是「3×2」的話，就變成「6」了。

 啊啊，原來如此（羞）。

 別太在意！在數字右肩上的小數字叫做指數。在下次的課程會詳細介紹，高中數學中，指數會理所當然地不斷出現，趁現在好好理解也很好。
首項是 $x = 1$，所以是 r^0。

 呃？老師，那 r^0 是什麼意思？

 這也是下次上課才會說明的，任何數字的 0 次方都會變成 1。想知道原因的人可以先翻到本書第 156～170 頁率先確認。

如此一來，等比級數和的式子寫出來是像這樣。

<等比級數和>
$$S = a + ar + ar^2 + ar^3 + \cdots + ar^{x-1}$$

這個式子是由一位佚名天才靈機一動導出來的。
計算等比級數和的技巧在於「相乘後錯位相減」。

$$S = a + ar + ar^2 + ar^3 + \cdots + ar^{x-1}$$
$$rS = \quad\quad ar + ar^2 + ar^3 + \cdots + ar^{x-1} + ar^x$$
↑兩邊都乘上公比 r，並往右挪移製造錯位

$$rS = \quad\quad ar + ar^2 + ar^3 + \cdots + ar^{x-1} + ar^x$$
$$-)\ S = a + ar + ar^2 + ar^3 + \cdots + ar^{x-1} \quad ←減法$$
$$\overline{}$$
$$rS - S = -a + ar^x$$
$$rS - S = ar^x - a$$

到這邊為止都還可以嗎？

嗯……對上面第 2 行冒出的「ar^x」有點不太懂……。

啊，原來如此。所謂的 ar^{x-1} 換個說法就是「$a \times r \times r \cdots\cdots$ $\times r$」，代表「r 持續相乘 $x-1$ 次」的意思。

因為兩邊同時再乘一次 r，原本級數的最後一項 ar^{x-1}，因為又乘上一次 r，就變成了 ar^x。這就是「$x-1$」次方變成「x」次方的原因。像這樣的指數計算後面還會出現的，可以慢慢熟悉。

 原來是這樣啊。

 那麼稍微將最後導出的 $rS-S=-a+ar^x$ 式子變形一下，就會得到最終「$S=$」的式子。

 S？啊，原來現在在導公式啊（完全忘了）。

 是的（笑）。
左邊的 S 是共通的，取出 S。
右邊的 a 是共通的，取出 a。
這是國中版上過的因數分解。

$$rS-S = ar^x-a$$
$$(r-1)S = (r^x-1)a$$
$$S = \frac{(r^x-1)a}{r-1}$$

最後兩邊同除（$r-1$），讓左邊剩 S。這就是教科書上出現的等比級數和的公式。
此外，也很常使用以下分母分子同乘 -1 後的式子。

等比級數和的公式

$$S = \frac{a(1-r^x)}{1-r}$$

不過，r 不能為 1。r 是 1 的時候所有的項都一樣，和會是 a ＋a＋a＋……，變成公差是 0 的等差級數，就不需要公式啦。

如果套到新左衛門的故事，以上一頁的公式來說，首項的 a 就是 1，分母的（$r-1$）是（$2-1$），所以是 1，也就是需要計算的只有（r^x-1）了。

那麼，x 是多少呢？1 個月是 31 天的話就是 31。因此「$2^{31}-1$」就是答案。

 哦哦～～～～。

 當然這個公式我也記不住（笑）。是現在咔嘰咔嘰用計算機算出來的。

 剛剛說技巧就是「相乘後錯位相減」，對吧？

 就是那麼回事。

 不過老師，該怎麼算出 2^{31} 呢？

敏銳的好問題！基本上是用計算機算，在下次的課程會仔細說明，還請耐心稍待。現在希望你能好好記住的是等比級數和的算法。

也就是說，級數單元終於結束了呀。你已經獲得「處理資料」的三大裝備之一，「增加個數」這項裝備了。

重點 在這裡！〈等比級數和的公式〉

首項是 a，公比是 r（$r \neq 1$），項數為 n 的等比級數和公式是：

$$\frac{a(1-r^n)}{1-r}$$

★死背者留意！記住「相乘後錯位相減」的技巧！

⇨ 先知道處理級數和的符號！

 那麼，往下一個內容之前，請容我補充關於在處理級數和時應該要先知道的符號。

 啊，不用了啦！（燦笑）

 別這樣，聽一下嘛（笑）。之後在獲得其他裝備的時候會用到的啦。先了解這個吼，與其說是數學課，把它想成「外語課」更貼切唷。

您這樣一說，連文組的我好像也能夠理解了（笑）。

 首先是級數和，剛才是用「S」表示。但要更帥氣地標示像「$1＋2＋3＋……＋100$」時，我們會使用希臘文的 Σ（Sigma）。

 Σ？在我心中一直以來都覺得像「M 被推倒後的樣子」。因為看不懂希臘文，真的會很焦慮欸。

 雖然 Σ 長得很難相處，其實不過是希臘語的大寫 S 而已。我之前去過希臘，到處都能看見 Σ 呢。

 欸～～？原來是 S 啊！

 是的。沒必要覺得害怕。在算式裡一旦看到 Σ，只要想是「等差級數或等比級數的和的意思」就 OK 啦。

 了改！（自信）

 然後呢，在這個 Σ 符號的上下方和右側，要加上級數的具體資訊喲。

比方說要以 Σ 寫下少年高斯解開的「$1＋2＋3＋……＋100$」這個級數的和，就會是這樣。

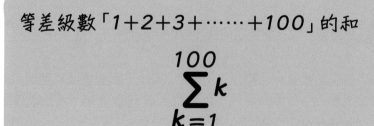

等差級數「1＋2＋3＋……＋100」的和

$$\sum_{k=1}^{100} k$$

 這是什麼鬼。

 是外語。

 突然冒出一個「k」也是讓人……。

 是吧？這個謎樣的「k」稱為虛擬變數，「表示是第幾個數字」。也不一定要用 k，不管是 m 是 p 或 z 都可以，且規定虛擬變數的值一定要一個一個增加。

 蛤？

 我再說明一下吧。標示 k 的「變化範圍」寫在 Σ 上下方，也就是說，下面的「$k=1$」表示「k 從 1 開始喔」，上面的「100」則是「k 到 100 結束喔」的意思。這常被稱為「**起點**」和「**終點**」。

如果是高斯同學的級數，k 的起點是 1，終點是 100。

如果是新左衛門的級數的話，k 的起點是 1，終點是 31。

31？不是級數的最前面和最後的數字嗎？

這裡很容易讓人誤解，其實不是的。

虛擬變數充其量只是「表示是第幾個的數字」。的確若單看高斯同學的等差級數（1、2、3、……98、99、100），k 的級數和級數涵括的數值恰巧相同，所以會讓人難以分辨呀。

（思考了 5 秒）……啊～是那麼回事啊！「虛擬變數的數值會一一增加」真像是個謎語，不過想一想，的確沒有「第 3.6 號」這種東西呢。

有請第 3.6 號來賓。

就是那樣！Σ 的右邊會寫上表示「級數規則」的式子。那個式子我們已經上過了，也就是以下兩種。

<等差級數的情況>

$$a+d(k-1)$$

<等比級數的情況>

$$ar^{k-1}$$

啊，就是稱為一般項的東西吧，以式子表現第 k 個數字。

 不錯！如果是高斯同學的級數，首項 a 與公差 d 兩者都是 1，代入「$1+1(k-1)$」，結果只會留下「k」而已。

重點 在這裡！〈使用 Σ 表示級數的和〉

級數 a_1、a_2、…、a_n 的和若以記號 Σ 表示，

$$\sum_{i=1}^{n} a_i$$

a_i 是該級數的一般項。放入 i 的數字會從 **1** 到 **n** 逐一變化，意思是請全部加起來。

 原來是這麼回事。那麼，就是說 Σ 有 2 種……。

 不對！Σ 充其量只是「這個級數的和」，只有 1 種囉，只是所謂級數有等差級數和等比級數 2 種。

 啊啊，原來如此。那我順便問一下，若是新左衛門的級數會怎麼寫呢？

 一般項呢，是 $1\times 2^{k-1}$，所以會變成這樣。

首項1、公比2，項數31的等比級數和

$$\sum_{k=1}^{31} 2^{k-1}$$

呃，k 是表示「第幾天」的虛擬變數對吧。所以第一天的 k 是 1，因為是 2^{1-1}，那麼第一天是 1，第二天是 2，第三天是……。

啊，停停停！你該不會認為將 2^{k-1} 代入天數，就能計算級數和吧？

呃，的確是那樣……。

不是的。2^{k-1} 是一般項，代表「第 k 天能獲得米的數量」。並不是「第 k 天時能獲得的總數」。

啊！

Σ 只不過是「級數和」的表示記號，並不是公式。這樣一直盯著記號算不出實際的和，記號充其量是為了書寫成乾淨整齊的「單字」。實際要算出級數和必須要「相乘後錯位相減」才行。

……剛剛這段，在編稿的時候可以剪掉嗎？（小聲問）。

不不不，有相同想法的人很多呢。代數呢，因為文字很多，很容易被它的氣勢嚇到，但其實往往都只是某個記號而已，**改變成文字，並不是施了法術。**

那為什麼要故意用難以理解的記號啊？

為了讓「級數和」看起來更精簡。

精簡？

在複雜的計算裡，有些情況是不得不處理「級數和」的。 在那樣的時候，如果一直要寫「＋…＋…＋…」，會變得冗長。

啊，有點像是在一個式子中有很多事情要做。

沒錯。反過來說，如果眼前只有一個級數，單純要求它的和時，就沒必要刻意使用 Σ。

原來是那樣啊～～！

從「和」稍微離題一下，數字的世界裡還有一個同樣表示「總和」意思的 ∫（Integral），**像是一條「拉長的 S」。** 這主要會在高三理組數學的積分出現，之後會提到。

級數和的 Σ，或積分的 ∫，其實同樣都是 S（總和；Sum）。

> 級數和 Σ
> 積分 ∫
> 都是 Sum（總和）
> 的 S 的意思！

像這樣♪

幹嘛不統一就好了。

它們意思略有不同喲。Σ 是處理級數，其中虛擬變數 k 只會逐一增加；而 ∫（積分）是指將虛擬變數「分成極細後相加」，有這樣的差別。

那麼積分的話，可以處理「第 3.6 個」嗎？

可以。不過為了避免混亂，先了解到這裡就好。

老師平常會使用 Σ 嗎？

列式子時會使用。不過，實際上計算時會交給 Excel 啦。

壅塞學的研究也很常用到 Excel 嗎？

 用超兇的。本來級數的加法就是交給電腦即可。但是電腦需要理解它要做什麼不是嗎？那時假如已經明白我們討論的級數內容，我想效果會截然不同哦。

而且，只要**翻開資料分析或統計學的入門書**，Σ 都會四處冒出來。

 這樣啊。話說，看到 Σ 能讀出 Sigma，感覺就已經變聰明了（笑）。

 如此一來，說明完加法和 Σ 的關係，級數就上完啦。這些內容在學校大概會花 3、4 個月來教吧。我特別希望你記住的是，它並不是硬梆梆的公式。

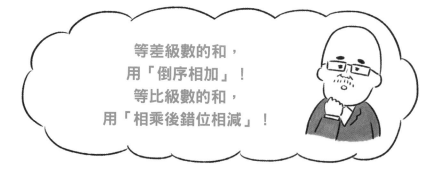

等差級數的和，
用「倒序相加」！
等比級數的和，
用「相乘後錯位相減」！

為級數所苦的人，只要記住這兩句魔法般的咒語就好，非常方便！

把數學記號當作是學外語

記住 「排列組合法」

即便是離開校園後，在生活中也經常會遇到要計算「有幾種情況」「有幾種可能」的時候，所以理解「排列」和「組合」的概念與方法，絕對是有好處的啦！

⇨ 從賽馬了解「排列」與「組合」

那麼，來準備取得「處理數據」的第 2 個裝備——「排列組合」吧。

複式投注和單式投注對吧！

沒錯沒錯。早說本書是「18 禁」可幫了我大忙呢（笑）。那麼就繼續用賽馬來做比喻吧。

假設比賽中有 A、B、C、D、E 共 5 匹馬上場。預測這 5 匹馬中可能的前 2 名，這是「複式投注」，也就是數學中的「組合」，例如下注「A 和 B」，只要前 2 名是 A 和 B 就中大獎了，與哪匹馬獲得第 1 名無關。

就是要選對的意思吧。

是的。不過「單式投注」則必須準確預測第 1 名與第 2 名的馬分別為何，數學上指的是「排列」。

重點 在這裡！〈排列與組合的差異〉

組合→ 從 n 個相異物中選 k 個時的結果

排列→ 從 n 個相異物中選 k 個，且依序排列的結果

預測勝利者時，如果以「A－B（第 1 名是 A，第 2 名是 B）」進行單式投注，但比賽結果是「B－A」就不算中獎喔！即使抓著賽馬協會的職員哭著說「好可惜啊！我只差一點就贏了！」也沒有用。警衛會飛奔過來抓你。

單式投注更難預測呢。

是的。因為可能性太多的關係。說到底，理解單式和複式投注的差異並不難，問題在於，這兩種投注方式各自總共有多少種可能？如果全買的話，雖然一定會中獎，但會負債啊，於是才會有能快速計算「可能性」的需求。

就是那個吧。明明日常生活也會派上用場，卻完全沒印象。

那麼該怎麼辦呢？**最直接的方法就是「不管三七二十一埋頭苦算」**（笑）。但是，5 匹左右勉強還可以牙一咬算出來，但有 18 匹馬的時候，要把全部的結果寫出來就相當困難了。

於是就有了方法 2。在國中版也提到過的，也就是**站在巨人的肩膀上，使用好用的公式**。

⇨ Step①了解階乘的計算方法

關於求各種組合的公式，其實超級簡單。

不過呢，在進入到複式投注（組合）和單式投注（排列）的式子之前，首先教你 5 匹馬的競賽中，1 到 5 名**共有幾種可能性的算法**吧。這樣之後的內容馬上就能理解。

麻煩老師了。

即便願意努力寫下「A－B－C－D－E」「A－B－C－E－D」「A－B－D－C－E」，但這樣手不但會寫到發炎，而且很容易漏掉。所以這次登場的就是，令人目光一亮的裝備──！（驚嘆號）。

蛤！（笑）。

這可不是開玩笑。這個驚嘆號代表的是「階乘」。例如 5 匹馬的比賽中，表示所有可能結果的答案會寫成「5！」。就算很驚訝也請不要寫成「5！！！」。正確的念法是「5 的階乘」。

那要怎麼計算呢？

「5！」是計算「5×4×3×2×1」。意思是從 5 開始遞減到 1 為止，將數字全部相乘。

$$5! = 5×4×3×2×1$$
$$= 120$$

答案是 120。

 重點 在這裡！〈階乘〉

所謂 **n！**（**n** 的階乘），是指從 **n** 開始到 **1** 為止的所有整數的積。例：**3！＝3×2×1**

有那麼多種啊。拼命寫的確也有極限呢⋯⋯。那麼，6 匹馬的比賽結果就是「6！」，6×5×4×3×2×1。如果 5！是 120，再乘上 6 就可以了⋯⋯所以是 720 嗎？

沒錯，了不起！
還有，請記住，基本上約定俗成「0！」就是「1」。

但如果有 18 匹馬的話，乘起來也是大工程不是嗎？

這裡就是**手機上場的時候**了。鄉同學是用 iphone 吧？請解除「畫面的直向鎖定」，打開 iOS 的內建計算機，並把手機打橫。

啊，國中版也有用過的函數計算機對吧！

沒錯。**函數計算機有「x！」這個按鍵**。

啊，有欸。
真抱歉，在這之前我都對你視而不見（笑）。

（笑）。

那請輸入「18」後按「x！」。

哇賽！

6,402,373,705,728,000

連…連有幾位數都不想數……。

讓我看看。呃，大約有 6400 兆種（笑）。這就算想拼命算也不可能，對吧。

另外，其實用 Excel 也能算出來。使用FACT函數，像「＝FACT（18）」把階乘的數字填入括號中，或是在某個儲存格寫入 18，像「＝FACT（A1）」指定儲存格號碼。

<*Excel* 的階乘計算方法>

＝FACT（階乘的數值）

　　例如＝FACT（18）

或是

＝FACT（數值的儲存格代號）

　　例如＝FACT（A1）

這裡有電腦，我來算看看……。咦，出來是「6.40237E＋15」。好像數字太大發生錯誤了。

E 不是那個意思啦（笑）。因為 Excel 只能顯示 15 位數以下。所謂「E＋15」就是「10^{15}（10 的 15 次方）」的意思。也就是「6.40237×10^{15}」。

嗯？「點」嗎？

沒錯。仔細看的話，它並不是「6,402…」，而是顯示「6.402…」，這也就是「包含 6，總共有 16 位數」的意思。

iphone 的計算機若回到直向時，一定也是相同的顯示[*]。

……真的欸。

雖然這跟高中數學沒有關係，不過知道 E 的解讀方法很好用喔。其他的應用像是這樣。

$$1E+2=1\times10^2=100$$
$$3E+3=3\times10^3=3000$$
$$5.5555E+4=5.5555\times10^4=55555$$

是～喔～～（×3）。

所以啦，如果知道階乘，要計算全部可能有幾種結果就很簡單啦。只不過……

---

* 依 iphone 手機版本而異，可能顯示為「6.40237e15」或「6.40237E＋15」。

只不過？

你不想知道為什麼將數字遞減後相乘就能夠算出全部的結果嗎？

的確如此，突然就知道了公式，理由都還不知道啊～。

就是那樣。

說來其實簡單。思考看看「3！」吧。例如「有 A、B、C 三匹馬，比賽結果有幾種可能？」這個問題。首先，「第 1 名為某匹馬」有幾種可能呢？

是 A、B、C 都有可能，所以有 3 種。

沒錯。那麼假設第 1 名是 A，「第 2 名會是哪一匹？」又有幾種可能呢？

剩下 2 匹，所以是 2 種。

不錯。現在頭腦裡面進行了「3－1」的減法對吧？
那就是重點。也是計算排列組合很方便的概念，首先是思考 3 個框架。

這次是思考「第 1 名的框架、第 2 名的框架、第 3 名的框架」，選項的數量會逐一減少。如此一來，彼此相乘就能得到全部可能性的數量，對吧？

第一名　第二名　第三名　　第一名　第二名　第三名　　第一名　第二名　第三名

想像有框架……

思考各自
有幾種可能

相乘！

似乎蠻容易了解的。

⇨ Step②了解排列的計算方法

以剛才的內容為基礎，來談談排列，也就是單式投注的部分。假設有 5 匹馬，要準確預測第1名、第2名，會有幾種結果？

好的。

在這邊也會使用的是框架。這次使用的呢，只有第1名和第2名的框架兩種框架。那，放入第1名框架的可能性有幾種呢？

5 種（一臉得意）。

還真是一臉得意呢，沒有錯（笑）。那麼放入第2名框架的可能性有幾種呢？

因為選項減少了1個，是4種。

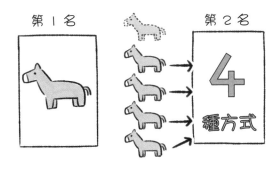

沒錯。就是 5×4＝20（種）這個答案。好的，排列結束了！（笑）。

已經結束了嗎？

很驚訝吧～。

Step③了解組合的計算方法

那接下來是組合。就是「前 2 名共會有幾種組合？」的意思。

嗯～嗯。除了「土法煉鋼寫下來」我想不到別的方法……。

其實呢，這裡可以靈機應變使用「排列」。想知道組合時先計算排列，這是關鍵技巧。

就是算出 20 種的那個對吧？

對。這 20 種的結果中呢，有 A－B 也有 B－A。有 C－D 也有 D－C。同樣一對但順序不同的會**被重複數算**。

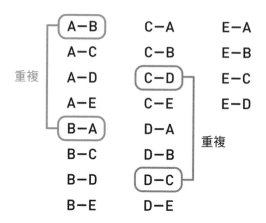

然後呢，現在想知道的是前 2 名的配對數是吧？你有發現到什麼嗎？

該不會是……20 的一半？

沒錯！所以 20 除以 2，答案是 10 種。這也很簡單吧。

我就知道（笑）。

好的，為了確保真的理解了，我們來預測前 3 名的組合吧。

那麼，這次可以換我來試看看嗎？

挑戰的氣魄很不錯耶～。那麼，同樣是 5 匹馬，先麻煩你從「排列」開始算起。

 我看看，已經準備好第 1 名、第 2 名、第 3 名的框架了嘛。然後寫上各自總共有幾種可能性⋯⋯。第 1 名有 5 種、第 2 名有 4 種、第 3 名有 3 種。全部相乘後⋯⋯有 60 種！

 不錯。預測第 1 名、第 2 名的結果原本有 20 種，現在變成有 60 種了，要押中實在比登天還難。我的賭馬生涯中也只有中過 1 次（笑）。

 接下來是要算「組合」對吧。60⋯⋯除以 2 嗎？總覺得不太對。要用什麼來除呢⋯⋯？

 非常感謝你這一記漂亮的自我吐槽（笑）。

這次的框架有 3 個，假設選擇 A、B、C 三者，在 60 種當中有「A－B－C」、「A－C－B」、「B－A－C」等組合對吧？但困擾的是「重覆算到的組合是哪些？」。剛才只有「A－B」或「B－A」2 種，所以才除以 2 就好了。

嗚嗚……文組的我聽起來像外星語。

其實我們剛剛才算過。

冷靜思考一下，那就跟「A、B、C 這 3 匹馬中，抵達的順序有幾種可能？」的問題是一樣的。

啊。

換句話說，就是在問「A、B、C 這 3 匹馬，抵達順序的結果有幾種？」。

啊啊啊！就是「3!」嗎？

是的。3×2×1 等於 6。60 種當中。組合重複的有 6 種。因此，只要 60 除以 3!就可以了。答案是 10。

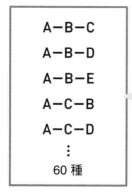

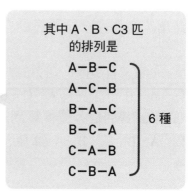

剛才的除以 2 其實也是除以 2!（2 的階乘）。只是剛好

「2!」是「2」而已。

$$\frac{\boxed{5} \times \boxed{4} \times \boxed{3}}{3!} = \frac{60}{6} = 10 \,(種)$$

 這樣啊。所以說賽馬中，三單式投注的賠率也是三複式投注的 6 倍左右囉？

 犀利！**三單式投注的賠率沒有 6 倍以上，就賭博而言會不敷成本**，這是任何一個賽馬賭徒都知道的事情。

我是
賭馬專家！

⇨ 了解「排列」與「組合」的式子

 那麼請讓我把我們剛才說的，整理成數學式的模樣。

之前都是說有 5 匹馬、有 18 匹馬，這些**數字在數學中記為 n 個**。

是指 number 的 n ？

對。若有 5 匹就是 $n=5$。這個文字的 n，當處理數據時，常以表示總數的姿態出現。**教科書的說法就是「資料數」**。

好的。

那麼，n 個不同的數據改變排列時，全部有幾種結果？這是剛剛也說過的，寫成「$n!$」。不是念作「n 驚嘆號」而是「n 的階乘」。

已經不會念錯了（笑）。

接著是排列。從 n 個不同的數據選出 k 個排列，這裡會用到框架的概念。

最左邊的框架是 n 個不同的數據中，放入任何一個都可以，有 n 種模式對吧。

$$n$$

種

是的。

它右邊相鄰的框架，可以想成是選項減少 1 個，所以是 $n-1$ 種模式。至於最右邊的框架會是什麼，就是 $n-(k-1)$ 種。

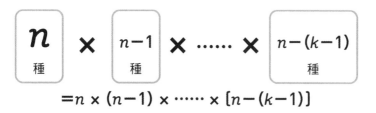

$$=n \times (n-1) \times \cdots \times [n-(k-1)]$$

$k-1$？（謎樣的東西出場啦）

這個也是放入數字馬上就能變具體。

5 個不同數據中選 3 個排列的情況，最左邊的框架是「5」，第二個框架是「5－1」所以是「4」，而最右邊的框架是「5－2」所以是「3」。

對。

重點在「5－2」的「2」是什麼意思，是指「－1 的重複次數」。因為選 3 個，必須進行 3 次框架，比 3 再少 1 就是 2 次。表示那意思的就是 $k-1$。

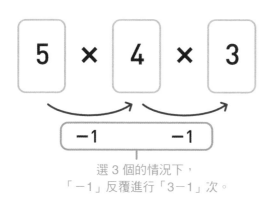

選 3 個的情況下，
「－1」反覆進行「3－1」次。

原來如此～。

不過，「$n×(n-1)×……×[n-(k-1)]$」的表示不夠數學。因為「點點點」太不簡潔了，我來說說該怎麼辦。

好的。

這個式子如果一直寫下去，到最後會長什麼樣子呢？

到最後？……啊，是說像階層最後為 1？

是的。普通當是 $n!$ 時，若說 $n-(k-1)$ 右邊出現的數字會是什麼的話，就是從 $n-(k-1)$ 再減去 1。也就是說，會變成 $n-(k-1)-1$。展開就是 $n-k$。其後也是逐一減去，最後到 1。

$$n×(n-1)×……×[n-(k-1)]×(n-k)×……×1$$

假設直到 1 為止持續相乘

是。

所以說，在 $n-(k-1)$ 右邊持續相乘的積，就是 $(n-k)!$ 呢。從 $(n-k)$ 開始，接下來是乘以比 $(n-k)$ 小 1 的數字，再乘小 1 個的數字，如此持續到 1 為止。

$$n \times (n-1) \times \cdots\cdots \times \{n-(k-1)\} \times (n-k) \times \cdots\cdots \times 1$$

可以想成是 $(n-k)!$

……連一咪咪都沒聽懂（淚）。

以具體的數字來表示好了。

比方說想知道從 18 個數字中選 3 個排列會有幾種結果，這就是前面的內容「$18 \times 17 \times 16$」。不過，這時乘法不停在 16，而乘到 1 為止，會是「$15 \times 14 \times \cdots\cdots \times 1$」這樣繼續下去。這可以瞭解嗎？

可以。

這個「$15 \times 14 \times \cdots\cdots \times 1$」的部分呢，也能寫成 15! 對吧？

$$18 \times 17 \times 16 \times 15 \times 14 \times \cdots\cdots \times 1$$

15!

啊,原來如此!

 這邊可以動個頭腦體操。「$18 \times 17 \times 16$」也可以**透過「$18!\div 15!$得出來」**。為什麼呢?因為「$18 \times 17 \times 16 \times 15 \times 14 \times \cdots\cdots \times 1$」除以「$15 \times 14 \times \cdots\cdots \times 1$」,15 以下的乘法會俐落地抵消,分子會只剩下「$18 \times 17 \times 16$」。

$$18 \times 17 \times 16 = \frac{18!}{15!} = \frac{18 \times 17 \times 16 \times 15 \times 14 \times \cdots\cdots \times 1}{15 \times 14 \times \cdots\cdots \times 1}$$

上下相消!

 哦,感覺好暢快!

 這邊我們再回到 n 和 k 的世界,18! 就是 $n!$ 對吧?15! 就是 $(n-k)!$。

所以,排列的式子可以這樣寫。

計算排列的公式(從 n 個資料中選 k 個)

$$\frac{n!}{(n-k)!}$$

這是教科書會看到的式子。

奇蹟似地聽得懂欸（笑）。

 組合也可以用公式表示。如果能理解剛才說的「三複式投注時除以 6」，現在就會很簡單。只要將排列的公式再多除一個 $k!$。寫法會是這樣。

計算組合的公式 （從 n 個資料中選 k 個）

$$\frac{n!}{k!(n-k)!}$$

課本很常看到的公式。

⇨ 「排列」和「組合」的符號是「P」和「C」

 最後補充一下數學的獨特符號，排列是 P，組合是 C。用英文來說就是 Permutation 和 Combination。P 和 C 都是大寫，左邊寫上小 n，右邊寫小 k。

$C_k^n =$ 從 n 個中選 k 個組合的情況
$P_k^n =$ 從 n 個中選 k 個排列的情況

 NPK……是什麼企業名稱嗎？（笑）。

（笑）。請注意這跟剛才提到的Σ一樣，只是個記號，不是公式。

運用「排列」和「組合」排班表

……完全記不起來。

那恐怕得怪當時的老師用的方式總是「你們自己回去看課本」。因為這些內容長期以來在數學界有被忽視的傾向。

明明就超實用的說。

比方說我是店長，10 人中若有 2 人要排班有幾種組合，也能算得出來對吧？

 那種的話就**無關順序**，是「組合 C_2^{10}」的計算。

 是哦。我來算看看。

 有 45 種。

 疑！？（驚）我 iPhone 都還沒打開的說。

 以算式來說是 $\dfrac{10!}{2!\,8!}$ 吧？然後，「10!」除以「8!」，剩下

10×9 就是 90。除以 2! 就是 45。完全不需要計算機。

$$\frac{10!}{2!8!} = \frac{10 \times 9 \times 8 \times 7 \times \cdots \times 1}{2! \times 8 \times 7 \times \cdots \times 1}$$
$$= \frac{90}{2}$$
$$= 45$$

 啊，我懂了。我本來還覺得計算 10! 啦、8! 什麼的很麻煩，結果它們可以乾脆相抵，根本不用算嘛。

 就是那麼回事。

 還有就是⋯⋯有 4 名員工，但有 3 份任務要分發等，有幾種工作分配方法的問題也能簡單算出來。

 是的。像那種情況是排列還是組合，你知道嗎？

 被你這麼一問⋯⋯因為也不需要決定順序⋯⋯。

 但是是排列喲。雖然沒有要決定順序，但因為要明確分配工作，想像一下框架就可以了。

這樣啊。那麼想像工作是 3 個框架，要放入框架的人有 4 種、3 種、2 種……所以是 24 種。哇嗚～～，感覺好有趣喔 ♪（笑）。

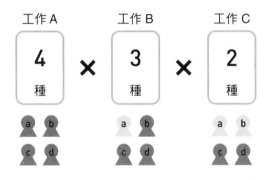

 今後也請多多使用！

以上就是所以計算「可能性」的排列與組合內容。

搞懂「變異數」和「標準差」

我們身處於大數據時代，只要學會這個資訊分析的超級工具，也就是理解離散程度的「標準差」代表的意義，對未來會非常有幫助喔！

⇨ 資訊分析的基礎是找到「數據的規則」

這邊開始呢，就要學「數據處理」的最終裝備了！
世界上的資訊大多都是分散的，對吧。像是氣溫、股價、營收、來客數、血壓等等，想要從許多數字中找出端倪，我們就不得不處理這些數據。

也就是說，只要找到「不規則數據的規則」，就達到超越凡人的境界了。

在數學的世界裡，最尖端的研究也都投資在這裡呢。

那是因為……科技進步的關係？

是的。還有也容易申請到預算（笑）。

總之因為環境準備好了，數學界便突然熱絡起來，全世界的天才都投諸心力在找出「處理離散數據」的方法上。

在這個領域，搞懂「離散程度」是基礎知識。也可以說，找出數據的變異數，對文組生來說也是必備的能力了，光是能做到這樣，就打開了數據科學的入口。

⇨ 兩個步驟找出離散程度

想要了解「離散程度」，分成兩個階段。

第 1 階段是「計算平均」。試想，若不知道平均值為何，等於沒有基準值判別差距，對嗎？像是「數據很分散呢～」的感覺並無法作為實質依據，或者說，根本無法放入算式中。

原來如此。

第 2 階段是掌握「與平均的差」的平均。

 差的平均？

 比方說，我們看氣象資料，偶爾會出現極酷熱的溫度，但如果看到一次的異常值，就做出「離散的幅度很大！人類會滅絕！」的結論，會感覺有點太操之過急，對吧？

 對。

 有離平均差距很大的數字，也有差距很小的，而它們的平均就很重要了。其實「離散的幅度」很深奧，研究方法也五花八門。其中「標準差」是在數學界高度信賴的數值，也是在高中會學到的「離散程度的表現法」。

 老師平常也會使用標準差嗎？

 用得很頻繁耶！我相信那些要從資料預測未來的上班族也都很熟。

⇨ 平均、離散、標準差的關係

 那麼從簡單的平均開始說吧。

假設鄉同學經營 3 間便利商店，單日的營業額為 A 店 80 萬日圓，B 店 60 萬日圓，C 店 100 萬日圓。

這個時候將 3 個數值相加除以 3 就會得到「3 間店的平均營業額」是 80 萬日圓。目前為止連小學生也能理解對吧。

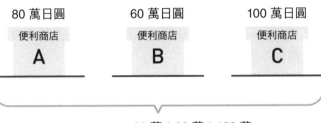

$$平均營業額 = \frac{80\ 萬 + 60\ 萬 + 100\ 萬}{3}$$
$$= 80\ 萬（日圓）$$

 呵呵呵……，這很簡單呢（得意貌）。

 那麼，3 間店的營業額明顯有差距對吧？因為是不同店家，這也很理所當然。

 對啊。

 所以，「該如何計算營業額的離散程度？」
在統計的世界會用「標準差」，英文是 Standard Deviation。

 老……老師，我得意的太早了……「差」是什麼意思啊？
（汗）

 （笑）。就是類似「差距」「浮動度」「偏離」的意思。

不過，為了知道離散值，一定要先知道平均才能計算哦。
凡事都需要「基準」才能比較。

對。

所以如果想要計算出各店營業額的離散程度，首先第一階段
是要知道所有店鋪的營業額，然後看各店的營業額和平均營
業額差距多少就可以了。

比方 A 店營業額是 80 萬日圓，與平均營業額的差距是
「0」；B 店營業額為 60 萬日圓，所以與平均差距為「－20
萬日圓」，最後 C 店營業額是 100 萬日圓，與平均差距為
「＋20 萬日圓」。這就是「與平均值的差」。

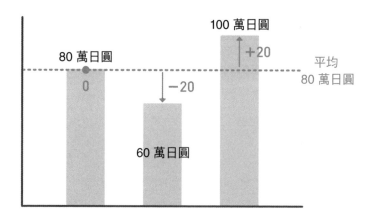

有沒有隱約覺得**這個差距的幅度掌握著關鍵**呢，若再繼
續研究「與平均差的平均」好像也可以順利進行。

有這種感覺沒錯。

那麼就來將 A 店「0 日圓」、B 店「−20 萬日圓」、C 店「＋20 萬日圓」相加除以 3，有什麼結果呢？

$$\frac{0+(-20)+20}{3} = \frac{0}{3}$$
$$= 0 \, (日圓) \cdots\cdots$$

嗯嗯嗯⋯⋯？0？我有問題！！！

我了解你的疑惑。將差相加後算出平均值，會變成正負相消得到 0 這個結果，看起來就像是「沒有差距」。這並不合常理啊。

於是前人才會苦思。「正負平均後差距是零，這不合理啊。難道沒有別的解法了嗎？」

咦？
這個怪怪的⋯

所以該怎麼辦呢？

果決地去掉正負的符號吧。因為現在想知道的是差距的「幅度」對吧。

不論是正數或負數，落差就是落差。不管是超出平均以上還是以下，都表現出某個幅度的差距。最後出現了，在研究離散時去掉正、負符號應該可行的概念。

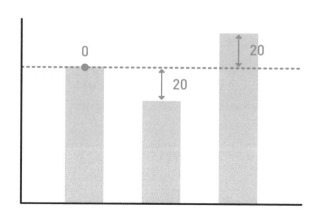

這是在計算標準差最重要的部分。

 去掉符號的意思，是絕對值什麼的嗎？類似 $|-20|$ ＝20 的東西。不知道為什麼只記得這個。

 很厲害嘛！絕對值的確也是刪去符號的工具。但是數學家在這裡會使用另一個計算偏差值的重點方法，就是把相差值「平方」，相差值一旦平方，正負符號就會消失。

 蛤？

 -3 的平方就是 9 對吧。任何數字平方後正負符號都會消失，不是嗎？

$$(-3)^2 = 3^2 = 9 \quad \text{平方後正負符號會消失}$$
（因為負負得正）

 喔喔，對耶。

 然後，將平方開根號，看來就像是只有正負符號消失的乾淨模樣。也就是說，$\sqrt{(-3)^2}$ 和 $\sqrt{3^2}$ 答案都是 3。

$$\sqrt{(-3)^2} = 3 \quad \text{平方開根號後，就像}$$
$$\sqrt{3^2} = 3 \quad \text{只影響正負符號而已}$$

 真聰明。不知道是誰想到的……。

 這也和高斯同學有關（笑）。

ou我嗎？

 再度登場啦！（笑）人類根本都站在高斯的肩膀吧？

真～～～的是個天才啊。如果你有感受到我想傳達這個想法的厲害之處就太好啦。打開課本可能就會看到寫著「平方開根號」的解法，但站在理解數學的角度來看，不清楚來龍去脈總是差那麼一點對吧。

實際應用到剛剛便利商店的例子，A 店的差是 0，所以是 0^2、B 店為（－20）^{2}、C 店為 20^2，將三個數字相加除以 3 後開根號。

$$\sqrt{\frac{0^2+(-20)^2+20^2}{3}} \fallingdotseq 16.3$$

答案為 16.3，這是其中一個「與平均差的平均」的答案。數字相當接近 20 對吧？

其中一個答案？還有其他答案嗎？

是的。其實如剛剛鄉同學所說，也可以用絕對值去計算，$\frac{(0+20+20)}{3}$ 數字為 13.333……，會發現離 20 有點距離。

啊，真的耶！

但這也是其中一個「與平均差的平均」的答案哦。

其實數學世界算平均的方法不計其數。

若問我「80 和 60 的平均為何」就我所知的答案就有 10 種左右。

拿～麼多！

對。包含將數字相加除以個數，小學生都知道的「相加平均」。大家都學過相加平均，所以幾乎所有人都會陷入「平均=相加後相除」的固定思維，但其實這不過是眾多平均算法其中的一種罷了。

另外還有鄉同學說的，用絕對值計算的「絕對值平均」。

以及取其倒數，$\dfrac{1}{80} + \dfrac{1}{60}$ 的「調和平均」，還有 n 次方平均這種超狂的算法。

相加平均
$$\frac{x_1 + x_2 + x_3}{3}$$

平方平均
$$\frac{x_1^2 + x_2^2 + x_3^2}{3}$$

絕對值平均
$$\frac{|x_1| + |x_2| + |x_3|}{3}$$

調和平均
$$\frac{3}{\frac{1}{x_1} + \frac{1}{x_2} + \frac{1}{x_3}}$$

我聽都沒聽過耶……。

其中「平方後的和除以個數」這種計算方法，能非常正確反應現實中的離散程度。稱之為「平方平均」。

至於原因，是大學後才會學習的內容，這裡就略過不提了。

感謝您的設想（笑）。

就把它當作常識來看吧。

雖然現在只有三個資料而已，當資料更龐大的時候，平方平均能更加準確呈現離散程度。

那麼，「平方平均」算出的數值是「標準差」嗎？

那個稱為「變異數」，計算出來大約會是 266.7，在開根號之後得到的數據約 16.3，才是「標準差」，標準差表示離散的幅度。

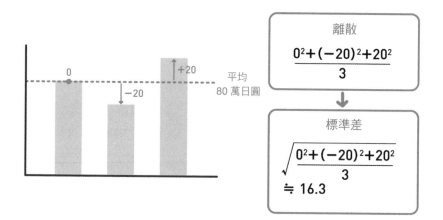

呃、呃、呃……。

不過，「變異數」和「標準差」幾乎是相同意思，不用想得很複雜。「與平均值的差平方後再平均者」稱之「變異數」，再將變異數開根號者稱為「標準差」。這些是數學界固定的用詞，可以記起來就好了。

⇨ 平均、離散、標準差的符號

這邊來快速說明它們各自代表的符號吧。

標準差是以希臘文 Sigma 的小寫「σ」標示。

喔喔喔！在顏文字中有看過！
↓是這個傢伙對吧！？
σ) (^_^)

就是它！（笑）話說，因為將變異數開根號的數值是標準差，換句話說，「變異數是標準差的平方」，寫成 σ^2。

$$標準差 \quad = \quad \sigma\,(Sigma)$$
$$變異數 \quad = \quad \sigma^2$$
$$\downarrow$$
$$\sqrt{\sigma^2} = \sigma$$

標準差是將變異數
開根號得到的結果

另外就是「平均值 x」＝「x̄」，只要在 x 上方加上一條橫槓就可以了，它讀作「x－bar」。

	記號	英文	Excel 函數
平均值	$\bar{x}$	Average	AVERAGE
變異數	σ^2	Variant	VAR.P
標準差	σ	Standard Deviation	STDEV.P

嗯～哼。反正呢，數學符號就用背的囉……。

說的也是。統計的世界大家也理所當然將「標準差」作為單位使用，在比較資料時當作比例尺般的工具，視為差距的評比。比方說，工廠裡經常會聽到「請控制誤差在 2 Sigma 以內」等，因為在工地現場，將差距降到最小是很重要的。

您剛才說到是業界的用法對吧？是為什麼呢？

因為從結果上看來就是很好用，所以就一直使用下去了，業界標準就是這樣的東西。雖然也能理解你的心情，但如果因為「為什麼這是業界的標準？我無法理解所以不想再學下去了」這樣就很可惜啊，而且說實在的，對你也沒有什麼好處呀。

……我可以問一個問題嗎？您剛剛說標準差是「將各數據和平均值的差距平方、相加、除以個數後開根號」對吧？

 是的。

 那……那個時候「除以個數」與「開根號」的順序交換，不行嗎？

剛才在聽說明時，就在想「3」這個數字因為沒有跟著平方，所以沒必要開根號不是嗎？

 啊啊，你是說「將差距平方、相加、開根號後再除 3」的意思對吧？

 沒錯。

 嗯，如果是 $\sqrt{x_1^2} + \sqrt{x_2^2} + \sqrt{x_3^2}$，除以 3 是可以的，但這跟絕對值平均的結果是相同的哦。

 喔～！

我可以理解將根號相加除以 3 會有點怪怪的。

不過，3 還是放在根號裡面比較好。這裡，我想再補充一些關於平均的內容。

這樣說明計算變異數的方法就結束了。

重點 在這裡！〈標準差的公式〉

$$\sigma = \sqrt{\frac{1}{n}\sum_{i=1}^{n}(x_i-\bar{x})^2}$$

σ：標準差
n：資料個數
Σ：級數和
i：虛擬變數（從 1 到 n 遞增的整數）
x_i：第 i 個的資料值
$\bar{x}$：全部資料的平均（相加平均）

⇨ 試著用 Excel 計算標準差

 老師之前說過也可以用 Excel 算標準差對吧？可以試一下嗎？

 很簡單。

假設有店鋪營業額的數據，在儲存格 A1 到 A3 分別輸入「80」「60」「100」後，接著在數據最下方的空白欄 A4 輸入「＝STDEV.P（A1：A3）」

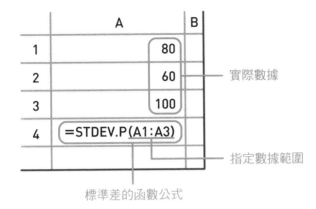

實際數據

指定數據範圍

標準差的函數公式

呃⋯⋯啊，大約 16.3 吧。相符合耶。

這就是標準差。悩人的數據平均、相差平方，電腦都會幫我們處理。

⋯⋯比我聰明 1 萬倍。

改用「 50 」「 0 」「 200 」這一組比較分散的數據試看看。

⋯⋯84.98365856。

離散的幅度變大，數字也變得更明顯。

⇨ 也把「偏差值」的計算公式記起來

 既然都講到了，就再多說一個東西，能夠計算標準差，就能夠算出「偏差值」。

 念書的時候承蒙它的照顧的那個偏差值[*]！！（咬牙）是同一個「偏差值」吧，老師？

 不錯。其實偏差值有以下的式子，通常就是直接應用到考試結果上而已。

<偏差值的算式>

$$A同學的偏差值 = 50 + \frac{10 \times (A同學的分數 - 平均分數)}{標準差}$$

偏差值的特徵，就是眾所皆知以 50 為基準。但是不同的測驗，有的偏差值是 70，有的是 75，原因是分母「標準差」的影響。

也就是說，「標準差」用來測量它與平均差距多少。
如果大家在考試中得到差不多的分數，那就是「離散幅度小」，標準差會變小。如此一來，分母就會變小，所以高分的人的偏差值就會更高。

---

* 臺灣稱為「T分數」，不在高中學習範圍內，另有「標準化數據（Z分數）」。

$$A同學的標準化數據 = \frac{A同學的分數 - 平均分數}{標準差}$$

我之前都不曉得耶！

平均數也可以使用 AVERAGE 函數計算，稍微用點心思就能做出能自動計算偏差值的 Excel。如此一來，就可以輕鬆對店長說「你的店偏差值是 40，請加油」。

感覺輕易就被看穿了。

哈哈。那就這樣，代數的課程結束囉。

 ## 附加內容①靈活的平均世界

今天學到超多的。尤其「平均不只一種」是最讓我受到衝擊的部分，實際使用時要怎麼選擇啊？

沒有嚴格的規定。不過，數學家無庸置疑最討厭「絕對值平均」。怎麼說呢？因為使用絕對值，就不能使用微分積分了。加上絕對值之後，在分析上不好處理。除了這個以外，就按照企業或學者各自的喜好來使用啦。在大學的研討會中也會發現，每個老師使用的平均方法都不同。

真出乎意料！我對數學的印象原本是更死板的。

小學、國中到高中學的是數學基礎，所以必須要很穩固地學習，當到達高階數學時，其實是自由的。只要和前輩數學家做出的理論沒有矛盾，什麼都有可能。

不會有不相合的情況嗎？

沒有耶。畢竟**所謂平均，本來就是我們自己擅自決定的「概念」**，要怎麼定義都可以。

在我們這一代思考新的平均概念也 OK，現在當然也有埋首其中的研究者。剛才你提議的「開根號後再除以 3」的方法，或許研究下去也相當有趣。

這樣啊。原來可以自由宣告說：「我從今天開始要這樣定義平均！」問題只在於認同的人是否會增加而已。

就是那麼回事。

這～樣～。某種意義上，或許蠻好用的。**我對數學的印象改觀了。**

類似平均概念的還有「距離」。（畢氏定理中，直角三角形的斜邊長 c 是「$\sqrt{a^2+b^2}$」對吧，但是那個邊長 c 也可以定義為「$a+b$」。

那樣不會很奇怪嗎？

比方說京都的道路是呈現棋盤狀對吧？從 x 地點移動到 y 地點時，會走 a 路＋b 路，不是走斜的。

如此一來，在京都市內移動的脈絡下，將 x 到 y 距離定義為「$a+b$」也沒問題，對吧？畢竟實際上就是如此。

 怎麼回事，這個認同感……。

 簡言之，依照用途或狀況，像「平均」、「距離」這種用人為概念定義的方法可以有各種可能。

尤其像平均這種朦朧的概念，可以有各種計算方式。

 這樣啊～～～，真是高深莫測啊。

 是馬里亞納海溝等級。去實際計算時就會發現像是「比起相加平均，調和平均會更小」這種特徵，也有企業是用調和平均來算負債額的（笑）。

 那……真是文組人不會刻意注意到的地方（汗）。

⇨ 附加內容②平均值、中位數、眾數

話說，有時候會在新聞上看到「年收入的中位數」，中位數是什麼意思啊？

以「年收入的中位數」為例，是指將全體國民年收入按大小排列時，**位居中間的年收數字**。如果數據總數是偶數，就由中間的兩個數字相加平均。**中位數也稱作** median。

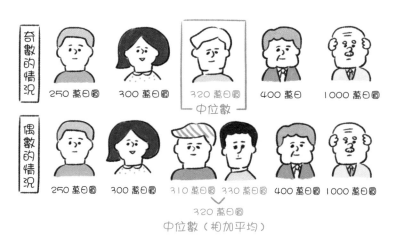

中位數

奇數的情況
250 萬日圓　300 萬日圓　320 萬日圓　400 萬日　1000 萬日圓
中位數

偶數的情況
250 萬日圓　300 萬日圓　310 萬日圓 330 萬日圓　400 萬日圓 1000 萬日圓
320 萬日圓
中位數（相加平均）

中位數好像比較接近實際情況。

就是那樣。假設軟銀的孫先生搬到人口只有 100 萬的村莊好了，說不定會成為全國平均收入最高的地方不是嗎？但問題在於，這個平均數反映出實際情況了嗎？

啊，如果是看中位數，就不會算入孫先生的年收嗎？

沒錯。因為可以避免極大值與極小值的影響。

 原來如此。

 類似概念還有眾數（mode），這是指在描繪年收分布圖時山峰所在的數值。如果年收 300 萬日圓的人最多，就等於是「眾數是 300 萬日圓」。

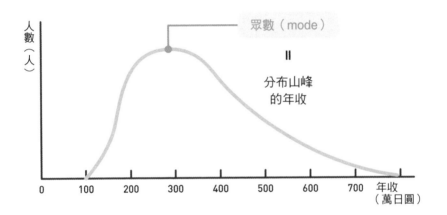

順帶一提，普通的平均值叫做 mean。

 嘿，還真五花八門耶。

 不錯。不管是平均值、中位數、眾數，終究都是「為了掌握實際情況的參考值」，在統計的世界裡，這種數值稱為代表值。

以上只要知道概念就很足夠了。

另一方面也就是說，**掌握實際情況的工具不是只有平均，而且平均也不限於相加平均。**

 清楚理解了。

 能使用平均值的情況，是在**數據很集中的時候。**這裡要稍微涉及一點理組數學，指的是在描繪資料分布圖時呈現左右對稱的吊鐘型，這稱為**常態分布或是高斯分布。**

常態分布（高斯分布）

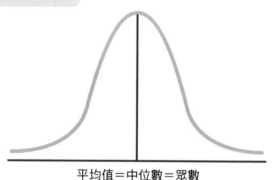

平均值＝中位數＝眾數

 又出現啦，高斯（笑）。

 高斯同學，相當活躍（笑）。順帶一提，**常態分布中，平均值、中位數和眾數是一致的。**

 啊⋯⋯是那樣呀。

但是世界上完美的常態分布並不多。

比方說年收的分布圖，基本上山峰會在靠左側，右邊則是長長的曲線。這種分布稱為柏拉圖分布或是長尾分布。我想商務人士應該有聽過。

柏拉圖分布（長尾分布）

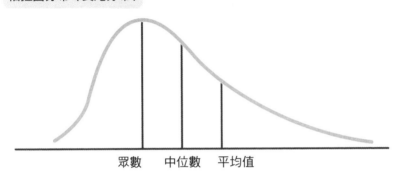

眾數　　中位數　　平均值

是～喔，這就是有名的柏拉圖分布！！確實看起來是有著「長尾巴」呢。

是吧？但是一旦變成這樣，平均值的意義就失真了。也就是說，平均值會變成無法反映實際狀況的數值，計算平均值也失去了本身價值。

說得更極端一點，數學考試結果若為「0 分的有 10 人，100 分的也有 10 人時」，以分布圖來看左右會有 2 個山峰，對吧？針對這樣的分布，結論為「這次考試的平均分數是 50 分」不但毫無意義，**就數學的角度來看也不精準啊。畢竟考 50 分的人一個也沒有！這樣不是很奇怪嗎？**

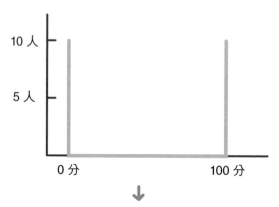

這組資料的「平均分數 50 分」是沒有意義的！

 這個，在數學上稱為「平均值不存在」。也有不少東大生不知道呢（笑）。關於平均有可能「不存在」這件事。

總之，知道「平均可以反映所有情況」是個大誤會就好。從「只要使用平均，就能簡單又正確地分析……」這種箝制的想法中解放吧！最後，以商業小知識來做個結尾吧。

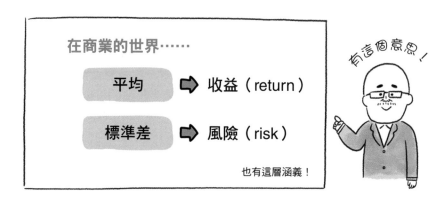

在商業的世界……

平均 ➡ 收益（return）

標準差 ➡ 風險（risk）

也有這層涵義！

有這個意思！

Nishinari LABO

超爽快！
掌握高中數學的
「分析」！

LESSON 1

第 **3** 天　第 **1** 小時

豁然開朗！
函數的世界

還記得國中時學了一次函數與二次函數嗎？現在又有新的函數要學了。在具體說明之前，我們先將很容易混淆的「函數」與「方程式」釐清一遍吧。

⇨ 函數與方程式的差別？

今天是上分析呀。

是的。英文就是「analysis」。

雖然在國中版學過了，**但不管聽幾次我還是會把函數和方程式搞混。**

大家都會啦。

但因為很重要，所以還是再重新認識一次吧！**函數是「代表 x 和 y 關係的式子」**。如果是二次函數的話，是像 $y = ax^2 + bx + c$ 這種能畫出圖表的形式。因此，函數有各式各樣的種類，像以下這些。

 哇嗚！（究竟有多少啊！）

 有些是大學的課程，別太緊張。但是，多虧數學家前輩們研究出許多函數，我們現代人才能夠以數學解決複雜的問題。

 原來如此。

 再來，方程式是指「函數 y 或 x 的任一邊是固定數字的式子」。

若是二次方程式，$ax^2 + bx + c = 0$ 的形式，在圖表上來看，就是類似「當 y 是 0，求 x 的值是多少？」這樣的感覺。因此……

> 函數的目的是「以式子或圖表來表示關係」。
>
> 方程式的目的是「聚焦在函數的一點計算其值」。

就是這樣

可以這樣區分。

 函數比較了不起呀。

 與其說它了不起（笑），其實**兩個都很重要**呢。
我平常接到政府或企業委託的研究，多半是關於「函數」。比方說分析現象、將 y 與 x 的關係列成式子，一旦結果出來，客戶就能運用「x 是 100 時，y 為何」的方程式得到解答，是相當有幫助的事。

 原來如此～。

 只不過，**世界上有許多複雜的現象，不見得靠一次函數或二次函數就能表示。所以上高中後，才要大家多學習新的函數**。

 記得國中在二次方程式的大魔王，好像不是函數耶。

真正的大魔王是二次函數。但在國中課程，二次函數沒頭沒尾地就結束了。本來呢，函數跟方程式一起搭配可以發揮強大的威力……

 啊啊，只有學到像是 $y = ax^2$，求與座標（0, 0）相交的二次函數，對吧。

國中內容的二次函數

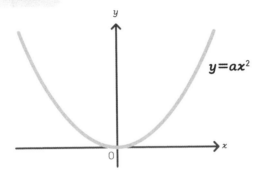

$y = ax^2$

 是的，所以在國中版有快速提到高中的二次函數，原因是能解方程式的話，一定也能理解那個函數。說這麼多，總之，這裡會再複習一遍二次函數啦。

 太好了（淚）。

 重點 在這裡！〈函數與方程式的差異〉

方程式 → 在特定條件下解 x（未知數）
函數 → 表示 y 與 x 的關係（條件固定時會成為方程式）

高中數學的 4 種函數

 重新整理一下,高中數學會學到的函數內容是:

二次函數$(y=ax^2+bx+c)$

指數函數$(y=a^x)$

對數函數$(y=\log_n x)$

三角函數$(y=\cos x)$

有這些

其中三角函數會和下次幾何的課程一起上,今天就從二次函數開始複習,主要會談到「指數函數」,並提到一點點指數函數的親戚「對數函數」。

然後呢,用來「表示分析」的微分積分,會在最後特別課程中補充喲!

 麻煩您了。

138

少年西成的理科腦情書

那已經是好幾十年前的事了……

少年西成墜入了情網。

真可愛……

就是說啊～

於是將心意寫成一封情書──

聰明的用詞…

唔～～嗯

心臟 撲通 撲通

成功了！！

OK

寫了什麼內容呢？

呵呵呵……只有理組才看得懂

給○○小姐

$$x^2 + (y - \sqrt[3]{x^2})^2 = 1$$

西成活裕

畫成圖表的話就是這樣。

浪漫的「隱函數」♡

文組人到下輩子都不會懂……

來複習
二次函數！

這裡要將國中學到的二次方程式，轉換為 y 和 x 的關係式，並以圖形來表示的二次函數。首先，一起來複習二次方程式的解法吧。

速速複習！二次方程式

 二次函數是相當重要的內容，在此之前，我們需要先召喚國中學到的二次方程式記憶，請容我快速進行。

 請手下留情！

 就從基礎概念說吧，二次方程式呢，是指「$ax^2+bx+c=0$」這種長相的式子，其中最重要的特徵，就是這種式子的**指數**（x右上方的數字）最大為2。換句話說，

若式子中有「x^3」，就是三次方程式；
若只有「x」，那就是一次方程式。

一次、二次……這裡的「次」是指「次方」，x^3 就是 x 乘 3 次，為三次方。該式子中的最大次方決定它是幾次方程式。

例如：$5x^6 + 4x^4 + 2x + 10 = 0$ 是六次方程式。

嗯～了解。

在二次方程式中最簡單的形式，像 $x^2 = 9$ 代表「某數值相乘兩次 = 9」，你知道這個式子的答案吧？

要使用根號，對吧。$\sqrt{9}$ ，答案是 3。

差一點！若把符號一起考慮進去的話，答案有 2 個，3 與 −3。因為（−3）×（−3）也會變成 9。

啊啊啊……！原來如此……。

慢慢回想，沒問題的。

而且不限於 x^2，像（$x+1$）$^2 = 4$ 的式子也可以解。

將（$x+1$）包起來視為◎，◎$^2 = 4$，◎就是 2 與 −2，再將◎帶入（$x+1$）計算，

$x+1=2$ 與 $x+1=-2$，就會得到答案為 $x=1$，-3。

$$
\begin{aligned}
(x+1)^2 &= 4 \\
\text{◎}^2 &= 4 \\
\text{◎} &= \pm\sqrt{4} \\
\text{◎} &= 2, -2 \\
x+1 &= 2 \\
x+1 &= -2 \\
\text{因此} \quad x &= 1, -3
\end{aligned}
$$

包起來視為 ◎

帶入原本的 $(x+1)$

嗯～。

就跟 $(x+1)^2$ 一樣，「差距相同的數字」相乘者，我將它命名為「雙差距」。$(x+3)\times(x+3)$ 或是 $(x-1)\times(x-1)$ 之類的。

雙差距是解開二次方程式最大的重點，即使像 $x^2+10x+20=0$ 這樣乍看無法拆成雙差距形式的式子，**只要使用某個方法，就能變為雙差距形式，並以根號解開。**

方法在國中版的說明如下，這裡稍微提點一下。我們看 $x^2+10x+20=0$ 這個二次方程式，訣竅是先關注 x^2+10x 的部分。

$$x^2 + 10x + 20 = 0$$

步驟 ① 將這部分轉換成雙差距的形式！

A 一次函數 $10x$ 的係數除以 2 → ⑤

B 將 A 得到的值做出雙差距的式子

$$\rightarrow (x+5)(x+5)$$

C A 得到的值平方後減掉相同數字

$$\rightarrow (x+5)(x+5) - 25$$

如此能將 $x^2 + 10x$ 變換為 $(x+5) \times (x+5) - 25$，再將此套入原本的式子。

步驟 ② 套回原本的式子

$$x^2 + 10x + 20 = 0$$

$$(x+5)(x+5) - 25 + 20 = 0$$

$$(x+5)^2 = 5$$

$$(x+5) = \pm\sqrt{5}$$

$$x = \sqrt{5} - 5 , -\sqrt{5} - 5$$

這個二次方程式就解出來囉。考試時帶著根號是 OK 的，實際在應用時，用函數計算機計算準確值即可。

重點 在這裡！〈配方法〉

用同值雙差距解二次方程式，數學上稱為「配方法」，另外還有「因式分解」的解法，不過在現實生活中幾乎不會用到。

 再聽一次解講，有種「二次方程式原來這麼簡單」的感覺。雖然我剛剛忘記正負號，好像不太有說服力（笑）。

 祕訣就是不要硬背教科書的「解題公式」（超～無奈）。

解題公式（不用記也可以喲♡）

$$x = \frac{-b \pm \sqrt{b^2 - 4ac}}{2a}$$

花時間背這麼複雜的公式，不如**記住前一頁步驟①和②的內容更輕鬆**。

 咦，有嗎？

其實在國中版內容沒有提到公式，讀者還特別在網路上找到資料問我「西成老師想說的是這個東西吧？」。那個呢，就是這個。

像這樣♪

變成雙差距的超級公式

$$x^2 + ax = \left(x + \frac{a}{2}\right)^2 - \frac{a^2}{4}$$

 各位讀者，感謝大家的建議。這個，絕對是比公式解還容易記的**超級公式**。在不遠的將來，或許會成為國中教科書的公訂內容。

 的確！超清爽的！

 對吧？看到這個二次方程式中的 $x^2 + ax$，反射性地使用這個公式，換成雙差距形式，那樣很快就能展開後開根號得解。

以上就是國中數學大魔王的二次方程式的複習。

⇨ 畫出二次函數的圖形！

 那麼，要說二次函數是什麼的話，就是在未知值只有 x 的二次方程式，再加上 y 的式子。

145

看起來就是 $y = x^2 + 10x + 20$ 這樣子。比方說剛才做過的二次方程式 $x^2 + 10x + 20 = 0$，寫成二次函數的話，就是 $y = x^2 + 10x + 20$，我們要研究 y 和 x 的關係。

 這也可以變成方程式吧，比方說 y 可以變成 0？

 是的。而且全部移項，變成左邊 $=0$ 的形式，更容易閱讀。

 嗯嗯。

 實際上 $y = x^2 + 10x + 20$ 畫成圖形的話……大概是這種感覺。

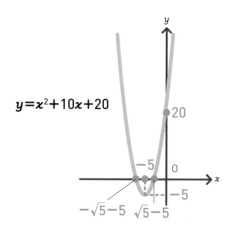

$$y = x^2 + 10x + 20$$

 超快的！為什麼可以三兩下就畫出來？

呵呵呵，就交給名偵探西成吧。是有訣竅的。首先，**看到這個二次函數就能知道三個重點⋯⋯！**

第一個，**二次函數一定能畫成拋物線**。開口有向上或向下兩種。開口向上型，頂點在底部，像是谷型；開口向下型，頂點在上，像是山型。以頂點為中心形成左右對稱的形狀。這是二次函數很大的圖形特徵。

二次函數的圖形有

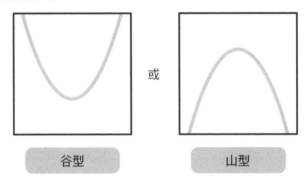

或

谷型　　　　　　山型

重點 在這裡！〈二次函數的特徵①〉

二次函數是以頂點為中心，描繪出左右對稱、開口向上（谷型）或向下（山型）的拋物線。

啊啊，您之前說過世上充滿著拋物線對吧。

不錯。拋物線的英文是 parabola。順帶一提，球的軌跡也能以拋物線來表示。

再來，圖形是山型還是谷型能從 x^2 的函數判斷。x^2 的係數若是正數就是開口向上的谷型，係數為負數就是開口向下的山型。

這次是 x^2，雖然係數 1 被省略，但 1 為正數，因此是谷型。

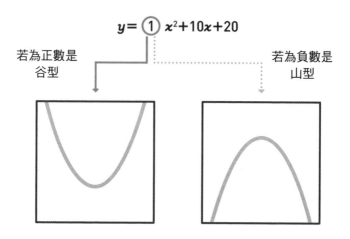

$$y = \textcircled{1}\ x^2 + 10x + 20$$

若為正數是
谷型

若為負數是
山型

重點 在這裡！〈二次函數的特徵②〉

ax^2 的 a 若是正數，會畫出開口向上的谷型拋物線；若是負數，則會畫出開口向下的山型拋物線。

第二個重點，不帶 x 的 0 次項，這次是 20，此數值的意義是「當 x 是 0 時，y 為何」，也可以代表 y 截距。表示這個二次函數不論是什麼形狀，都會經過 y 軸上的 20。

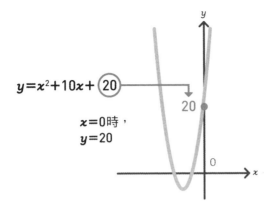

$y = x^2 + 10x + ⑳$

20

$x = 0$時，
$y = 20$

重點 在這裡！〈二次函數的特徵③〉

$y = ax^2 + bx + c$ 的 **0** 次項係數字 c，也代表 y 截距為 c，這個二次函數的圖形一定會通過 y 軸上的（$0,c$）點。

 呃呃呃……？為什麼？？？

 只要將 $x = 0$ 帶入 $y = x^2 + 10x + 20$ 就知道了。如此一來 x^2 和 $10x$ 都會變成 0，只剩下 $y = 20$，也就是「當 x 是 0 時，y 值是 20」的意思。

 豪～厲害，名偵探、名推理……！！！

 以上，是單純看到二次函數就能立刻看穿的基本資訊（眼睛發光）。不過，要**畫出函數的圖形，需要剛才做過的二次方程式的答案**，就是解題過程中的雙差距式子，裡面有很大的提示！

吼吼～。

 想起來了吧，$x^2 + 10x + 20$ 變換為雙差距的式子是（$x + 5$）（$x + 5$）－5 對吧？「－5」這個數值。

其實這就是圖形頂點的 y 值，這是第三點。

 蛤～～～（×3）。

 就是有這種規則。若要知道 y 是－5 時 x 是多少，代入二次函數式就可以知道。

$$y \quad = (x + 5)(x + 5) - 5$$
$$-5 = (x + 5)(x + 5) - 5$$
$$0 \quad = (x + 5)(x + 5)$$

這裡即使不特別使用根號也可以。如果同樣數字相乘的結果是 0，那麼該數字（$x + 5$）本身必須要是 0，也就是說 $x + 5$＝0，$x = -5$。

等於是在說，**座標 $x = -5$、$y = -5$，在圖形的谷底。**

 喔喔！

但這樣還無法畫出圖形哦。因此我們最後還是需要解開二次方程式的方法。$x^2 + 10x + 20 = 0$ 的答案是 $\sqrt{5} - 5$ 和 $-\sqrt{5} - 5$。

這個呢，用二次函數的表現來說，就是「當 y 是 0 的時候，x 值是 $\sqrt{5} - 5$ 和 $-\sqrt{5} - 5$」的意思。也就是說圖形會通過 x 軸上 $\sqrt{5} - 5$ 和 $-\sqrt{5} - 5$ 這兩個點。$\sqrt{5}$ 大約是 2.2，所以大概是經過 -2.8 和 -7.2。

只要蒐集到這些資訊就能畫出來了（得意貌）！！！

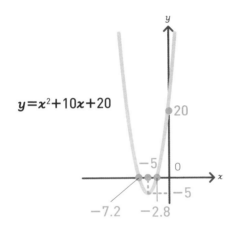

$$y = x^2 + 10x + 20$$

喔喔！！！畫出來了耶……！

「開口是向下？還是向上？」「x 軸與 y 軸的交點在？」再加上「頂點的座標」。從二次函數中得到資訊就能畫出圖形，這樣子高中的二次函數就結束了。而且計算方法都在國中就學過了。

該不會，「在 x 軸上相交的兩點」是關鍵吧？

 很好的觀察！！！ 這是二次函數中非常重要的訊息，因為圖形是拋物線，所以谷型拋物線，除了頂點的 y 值外，其它 y 值對應到的 x 一定有 2 個。

因此在學二次方程式時，才讓很多文組人困惑「**為什麼會有兩個答案？**」但看圖形就一目了然。因為它是拋物線，對應的點會有 2 個。

 除了頂點例外。

 是的。在谷底或山頂時，x 只有一個。通常解二次方程式時，會很直接地說出「當 $y=0$ 時，x 的答案有 2 個」。不過國中學到單純的 $y=x^2$ 二次函數，頂點座標會通過原點（0，0），代表 $y=0$ 時，x 的兩個答案都是 0，在數學上稱為重根（相同的解）。

 趁頭腦還清楚的時候把式子視覺化，就能有「原來是那麼回事啊」的感覺。

 同感。國中只學了一半的二次函數，才會造成學生上高中後不知不覺成了「二次方程式難民」。**我有向教育部建言，在國中確實學好二次函數比較好。**

 還有，或許是有點鑽牛角尖的問題吧，**在谷型拋物線，若 y 值比頂點的（0，0）低，會變怎樣？**

像那種情況，會變成「無解」。

 咦～？又來了。有式子的話不是代入 y 值就好嗎？

 我們實際上來算看看吧。

剛才二次函數的式子中，代入比頂點小的 $y = -6$。

$$y = x^2 + 10x + 20$$
$$-6 = x^2 + 10x + 20 \quad \leftarrow 代入\ y = -6$$
$$-6 = (x+5)^2 - 25 + 20 \quad \leftarrow 右邊變換成$$
$$-6 = (x+5)^2 - 5 \qquad\qquad 雙差距的形式$$
$$-1 = (x+5)^2$$

 好的，**想想看同樣數字平方後，會有變成負數的數字嗎？**

 呃呃呃……。

（過了三分鐘）放…く一……。

 你還認真咧（笑）。
思考體力提升不少呢！不愧是我的一號弟子。
若按照數學上的邏輯，**沒有答案**。所以說「無解」是 OK 的，當然也就無法以圖形表示。

其實可以用「虛數」來表示,但這不是普通的「數」,所以在這邊不考慮。

 可惡……下次不會的時候就回答「無解」好了。

 呵呵呵……我親愛的弟子,學習數學呢,柔軟度也很重要。
……也就是說,二次函數的課程結束啦♫
若覺得有疑惑的,隨時把《真希望國中數學這樣教》拿出來複習吧♡

鏘鏘♪

數學也有

「無解」

作為答案的時候。

COLUMN

物理學家是名偵探

收集到數據啦～

各位知道其實「分析」和「解析」是不同意思的嗎？

類似這個意思的單字有「解析」。

「分析」是我的專業領域，也多次說明過有多好用……

圖形

數據分析之類的

將解析得到的資訊使用微積分分析，更深入地研究。

所謂數據「分析」是……

收集數據（數字）研究

比率等等

所謂數據「解析」是……

為何電子書在年輕年齡層受歡迎？

與書相關的資料

讀紙本書與電子書的比例是？

在哪裡買書？

讀書的男女比是多少？

與書相關的資料

名偵探！！

解開自然界的謎團就交給物理學者吧！

「分析」是更數學性地思考，探究數據背後的規則等。

解析為本的探索

細密地調查。

「解析」是剖開要素或成分，詳細調查其組成……

指數函數超好用！

當我們看到像「$y = 2^x$」，x 出現在數字的右肩時，就稱為指數函數。搞懂這個工具後，在生活中會發現許多能活用之處，一起來認識它吧。

⇨ 記住指數函數的相關用語

複習完二次函數了，今天終於要上主菜，鏘鏘——「**指數函數**」！在數字右肩上的小數字稱為「指數」，指數若帶有 x 的則稱作「指數函數」。不論是 3^x 還是 4^{2x} 的形式都屬於指數函數。

感覺很難……還沒開始就想哭。

這次會有許多新詞彙登場，我先簡單進行介紹。首先，像 3^2 這種右肩上有數字的數，數學用語稱作「**乘冪**」，英文是「Power」。

叫「Power」。突然感覺有點熟悉（笑）。

數學戰力漸漸增加，應該感覺很有力量吧？（笑）。

基底的「3」稱為「底數」，右肩的小數字稱為「指數」。順帶一提，指數的英文是「exponent」。

然後，**底數相乘指數值的次數就是「乘冪」**。3×3 可以寫成 3^2，就可以用「底數 3 指數 2 的乘冪」表現。

重點 在這裡！

底數 3^2 指數

↑ **乘冪**

好。

所以，當指數中帶有 x 函數，就稱為指數函數。底數是 2 時，看起來就像把國中學到的二次函數顛倒的感覺。

重點 在這裡！

二次函數　　　指數函數

$$y = x^2 \qquad y = 2^x$$

到這邊為止有問題嗎？

嗯，目前還可以。

$y=2^x$ 在我們第 2 天的第 2 個小時的課，在說明新左衛門的米粒數量時有出現過，對吧。

就是「2 倍反覆進行 x 次會變成 y」，對嗎？

不錯。生活中很多情況能透過指數函數表現，是非常重要的函數。若是在**保險業或做投資的人，不知道指數函數是無法順利生存的，更別說要理解市場經濟走向了。**

雖然實際上能用函數計算機或 Excel 計算，不需要自己動手，但知道處理指數函數的方法和過程肯定比較好。

好的。

⇨ 基本規則① 乘冪相乘時，指數相加

那麼，談談怎麼處理指數函數，要計算「乘冪」的時候，只要記住幾個基本規則其實就沒問題了。而且公式也不像二次函數或二次方程式這麼複雜。具體來說，等比級數的時候已經學到很多相關內容，所以，真的一瞬間就會上完哦。

首先，當我們要計算「乘冪相乘」這種情況時，

例如：

$$3^2 \times 3^4$$

 嗯（汗）。

 一下子看不出來的話，就試著把它拆解吧。3^2 是「3 乘 2 次」，3^4 是「3 乘 4 次」的意思。拆開來寫會變成下面這樣。

$$3 \times 3 \times 3 \times 3 \times 3 \times 3$$

 3 的……6 次方？

 沒錯。若出現乘冪的乘法，只要指數的 2 和 4 相加就可以了。

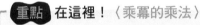 **重點** 在這裡！〈乘冪的乘法〉

$$a^s \times a^t = a^{(s+t)}$$

經常會弄錯的是指數 2 和 4 應該要相加，卻記成相乘變為「3^8」。老師看到一定會露出「掉入陷阱了吧」的笑容，在考卷上爽快地打個大叉（笑）。

乘法時相加……的確很容易搞混。

 對吧？所以沒必要硬記。只要有點不確定，就用個簡單的例子拆解來確認就行了。

原本 3×3 的計算，寫出指數的話就是「$3^1×3^1$」對吧？指數的「1」和「1」相加變成「2」，所以是「3^2」，答案是「9」。

 喔喔～的確是那樣。

 好的，如此指數函數的進度完成 30%了。

 也太快！

基本規則② 乘冪再乘冪時，指數相乘

 接下來看看這個例子。

$$(2^3)^4$$

哇～雙重指數。下面的 2……感覺它包袱好重……。

 它很吃苦耐勞呢（笑）。「乘冪」再乘冪，看起來很有氣勢吧，不過不要被嚇到啦，還記得「括號內的數字『打包』視為一捆」吧？

如此一來，括號內 2^3 的是「$2 \times 2 \times 2$」所以是「8」。那個 8 再 4 次方就是 4096。

$$(2^3)^4$$
$$= (2 \times 2 \times 2)^4$$
$$= (8)^4$$
$$= 8 \times 8 \times 8 \times 8$$
$$= 4096$$

這樣計算就能算出答案，其實 4096 就是 2^{12}。

 原來是這樣啊。

 嗯。剛才指數是相加，但在乘冪再乘冪時，指數要相乘，所以是 3×4。這也是拆開來就明白。

$$(2^3)^4$$
$$= 2 \times 2 \times 2 \ \times \ 2 \times 2 \times 2 \ \times \ 2 \times 2 \times 2 \ \times \ 2 \times 2 \times 2$$

↑ 2 乘上 3×4 次

 哦～的確是乘法呢。

重點 在這裡！〈乘冪的乘冪〉

$$(a^s)^t = a^{(s \times t)}$$

⇨ 基本規則③ 乘冪相除時，指數相減

 好的。然後最後是這個例子。「乘冪」的除法。

$$\frac{2^5}{2^3}$$

這也很簡單，分子是 2 乘 5 次、分母是 2 乘 3 次，相消只剩下 2 次。也就是說，這次是指數相減。

$$\frac{2^5}{2^3} = \frac{2 \times 2 \times 2 \times 2 \times 2}{2 \times 2 \times 2}$$
$$= 2 \times 2$$
$$= 4$$

重點 在這裡！〈乘冪的除法〉

$$\frac{a^s}{a^t} = a^{(s-t)}$$

這裡也是拆解寫下來就能清楚理解的。指數的基本法則就是以上這三個。

指數是負數時會怎樣？

 咦？指數如果是負數的話會怎樣？2^{-1} 之類的。

 好問題！
這裡用「乘冪相除」的狀況來說明。

好比說 $\frac{2^3}{2^4}$ 吧。如此一來，分子的 2 會全部消去，分母的 2 只剩下 1 個。所以答案是 $\frac{1}{2}$。

池上彰

算式是長這樣。

$$\frac{2^3}{2^4} = \frac{2 \times 2 \times 2}{2 \times 2 \times 2 \times 2}$$
$$= \frac{1}{2}$$

這邊只看指數的減法是 3−4 就是−1，會變成 2^{-1}，答案是 $\frac{1}{2}$。把它公式化會變成這樣。

$$2^{-a} = \frac{1}{2^a}$$

指數是負數時，2^a 會直接成為分母。
若是突然看到這個公式感到驚慌失措，只要冷靜下來透過舉例就變得很容易了。

 比方說 3^{-4} 的話，3^4 是……81。所以是 $\frac{1}{81}$ 的意思嗎？

 正解。負數乘冪，其實呢，就是上下倒反的意思。

重點 在這裡！〈負數乘冪〉

$$a^{-s} = \frac{1}{a^s}$$

例： $2^{-3} = \frac{1}{8}$

$4^{-2} = \frac{1}{16}$

➡ 指數是「0」的時候會怎樣？

 來思考一下這個例子吧。

$$\frac{2^3}{2^3}$$

 除法啊。呵呵呵，我可是游刃有餘。一切的謎團都解開了！
指數的除法就是 0 對吧。因為是 2^0……
答案是 0！！！（得意貌！）

 很抱歉！雖然可以理解你希望答案是 0 的心情，**但當指數
是 0 的時候，數學界定下的規則都是 1。**

 哼哼。全世界的文組人都會大喊「蝦毀？為何？」！

 為了不要發生數學上的矛盾。
如果 0 次方答案不是 1 的話，會產生不合。

 呃呃呃～～～？說什麼會有矛盾啦不合啦～～讓人無
法理解～～～。

 我會詳細說明的，請不要暴走（笑）。
仔細看看原本的計算式吧。是 $\frac{2^3}{2^3}$ 對吧？這個呢，分子和分
母是相同的吧。某個數字以同樣數字相除，答案會是多
少？

……啊，是 1。

對吧。所以如果 2^0 不是 1 會讓人很頭大。

喔喔～～～～！老師，你是神！！

你能夠理解，讓人放心不少。指數的計算方法就這樣，明白了就能自由操作指數♪

比想像中還簡單 500 倍。就算忘記公式，舉例拆解後就可以了～♪

重點 **在這裡！**〈當指數為 0 時〉

指數為 0 時，答案皆為「1」。

$$例：2^0 = 1$$
$$50^0 = 1$$

就是這樣！啊，0 的 0 次方，也就是 0^0 一般無法定義，好學生不要去想那個（笑），因為這是大學程度的內容了，就在此打住囉。

⇨ 根號可以轉換成指數運算

 指數函數還有一個很重要的規則，**當指數為分數時可以轉換為根號。**

比方說。這個 $2^{\frac{1}{2}}$，可以變換成 $\sqrt{2}$。

$$2^{\frac{1}{2}} = \sqrt{2}$$

 在講什麼，滿頭問號……。

 為了說明這個規則怎麼產生的，我們先假設要計算這個。

$$2^{\frac{1}{2}} \times 2^{\frac{1}{2}}$$

乘法時只要把指數相加就可以了對吧。如此一來 $\dfrac{1}{2} + \dfrac{1}{2}$ 就是 1。也就是說，變成 2^1 的型態。也就是 2。

 嗯。

 想像某個數字乘兩次會變成 2，若是正數，就是 $\sqrt{2}$ 對吧。所以 $2^{\frac{1}{2}} = \sqrt{2}$。

$$2^{\frac{1}{2}} \times 2^{\frac{1}{2}} = 2^{\frac{1}{2}+\frac{1}{2}}$$
$$= 2^1$$
$$= 2$$

$2^{\frac{1}{2}}$ 平方變成 2。
也就是說
$2^{\frac{1}{2}} = \sqrt{2}$

 俐落地證明出來了呢。

 這是在高中數學學的分數指數冪。公式如下。

$$2^{\frac{n}{m}} = \sqrt[m]{2^n}$$
$$例：2^{\frac{1}{2}} = \sqrt[2]{2^1} = \sqrt{2}$$

 呃，我說，根號左上方有個小小的謎樣的「2」是⋯⋯

 不錯。其實我們熟悉的根號，左肩上是隱藏著「2」這個小數字的。國中數學省略這個標記，但其實那邊甚至可以是 3 或 4。

比方說，乘 3 次會變成 2 的（$x^3 = 2$），以記號書寫就是 $\sqrt[3]{2}$。這稱為三次方根。這個 $\sqrt[3]{2}$ 當然也能以指數表示為 $2^{\frac{1}{3}}$。

$$\sqrt[3]{2} = 2^{\frac{1}{3}}$$

三次方根

 完全沒有印象……。

 順帶一提，在學校出考題時，多半會有「將 $3^{\frac{3}{4}}$ 以 $\sqrt{}$ 表示」這樣的形式。實際上在生活中比較常反過來使用，將 $\sqrt{}$ 轉換成指數。阿，回答一下，$3^{\frac{3}{4}}$ 以根號表示是 $\sqrt[4]{3^3}$。

我想說的是呢，其實記住指數函數的話，不需要特別使用根號表示也沒關係。因為只要把根號換成 $\frac{1}{2}$ 就可以了。

 研究學者們不寫根號的嗎？

 依照個人的喜好或領域有所不同，我個人來說是覺得指數表示比較直觀易懂又容易書寫，所以不太會使用根號。

 原來是那麼一回事……。

 用數學從事某方面研究的人，會按照用途不斷改變標示。在那個時候，先變換成指數函數會很方便。這就是今天的結論之一。

169

🡒 統整指數運算的處理方式

好的，來整理一下說過的內容～。
乘冪的三大公式如下。

<乘冪的三大公式>

- $2^a \times 2^b = 2^{a+b}$
- $(2^a)^b = 2^{ab}$
- $\dfrac{2^a}{2^b} = 2^{a-b}$

然後從最後的公式，

$$2^0 = 1$$

可以導出這樣的定律。

再將「$2^0 = 1$」拆解，能順利導出下方「指數為負數時，上下顛倒」這個公式。

$$\dfrac{2^a}{2^b} = 2^{a-b} \quad \leftarrow 公式$$

$$\dfrac{2^0}{2^b} = 2^{0-b} \quad \leftarrow 將\ 0\ 代入\ a$$

$$\dfrac{1}{2^b} = 2^{-b} \quad \leftarrow 2^0\ 為\ 1$$

➡ 將指數函數做成圖形看看！

 經過以上的說明，往後當遇到指數寫成 x 的啦、y 的啦、a 的啦也不用怕了。不過，既然都說是指數「函數」了，要能在圖形上表現出來，才可以說完全理解那個函數了對吧。

 這麼一說，到目前為止都在講乘冪呢。

 是的。那麼要如何將指數函數圖形化，實際上畫看看就可以了。

比方說將 $y=2^x$ 畫成圖形吧。

首先，當 $x=0$ 時，y 值是多少？

 呃，因為會是 2^0 對吧……。啊，是 1。

 不錯。就是這個規則。所以在（0，1）的座標上畫上一點。

接下來，當 $x=1$ 會如何？

 因為是 2^1 所以 $y=2$！

 很好，然後 $x=2$ 時，y 是 2^2 所以是 4。像這樣標點後，將點連成曲線。

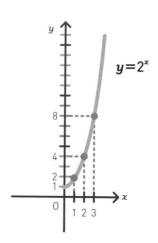

 好像空間很快就不夠用了。

 就是這種感覺。二次函數的圖形 $y=x^2$ 雖然也會往右上延伸，但指數函數更有無限向上的氣勢。

 y 好像會成為天文數字。像曾呂利新左衛門的米一樣。

 很犀利！！！
正是指數函數最重要的學習重點。**指數函數比起二次函數而言，是「爆發性」地增加。**馬爾薩斯的『人口論』中也有寫到「人口如指數函數般增加」，**而瘟疫爆發、疫情迅速蔓延的情況也很像指數函數。**
因為 1 名感染者通常會傳染給 3 人，3 人再擴散變成 9 人，9 人則會增加成 27 人，看看下一頁的示意圖。

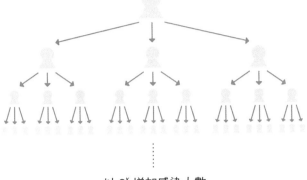

以 3^x 增加感染人數

 哇嗚……2^x 和 x^2 的未來，差別很大。

 過去黑死病讓歐洲人口減少了三分之一，所以現在也務必留意人類的新敵人「新型冠狀病毒」的爆發性感染。

 沒記錯的話……用「指數函數般」來說明和形容，也出現在 AI 人工智慧的領域呢。

 對吧。如果 AI 發展到不需要人類發明 AI 時，技術革新會如指數函數般成長，快速到達人類無法理解的程度，那就 是 所 謂 的 科技奇異點（Technological Singularity）。

 為什麼會如指數函數般延伸呢？

 最新的 AI 自行誕生出更高程度的 AI……像這樣反覆創新的關係。

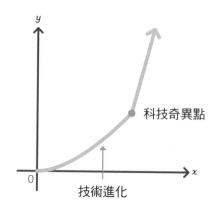

科技奇異點

技術進化

 原來如此！

 還有，比方經營者說**「我們公司未來要以 10%的年成長為目標」**時，其實就進入指數函數的世界了。不用什麼兩倍、三倍，是以「10%的年成長」，就是指以 1.1 為底數，每年指數反覆成長的意思。

 如果把那個寫成式子的話……

 將「第幾年」以 x 表示……

第 x 年的營業額 → 1.1^{x-1} 倍

從 x 減 1 的原因，是如同新左衛門的故事。第 2 年是 1.1，第 3 年會變成 1.1^2。

原來如此～。怎麼好像……課程內容無意間連接起來，有點有趣啊！

呵呵呵，是吧？別忘記這種感覺喔。

多數的生活問題呢，將不同的數學裝備派上用場就能解決。原本應該在高中數學能好好體驗這個美妙之處，但課綱將內容拆得很分散，所以始終讓學生帶著「為什麼要學這些東西呢？」的疑問。

但是，現在我們把指數函數、等比級數和資料科學連結起來了對吧。沒有一個是多餘的東西。

➭ 順便來談談「對數函數」的內容

那麼，也大概提一下指數函數的附加內容「對數函數」好了。雖然我自己呢，是覺得對數函數不重要，不過一口氣說明的話，我想大家比較能方便理解。

呃……對數函數是什麼東西啊？

就是寫成 log 的玩意兒。請不要念成「10g」（笑）。因為人家可是「log」。

log……過去痛苦的回憶像跑馬燈一樣出現了……。

指數函數是像 $y = 3^x$ 的樣子對吧。「$y =$」是重點，只要將某個值代入 x，能夠計算出 y 就是指數函數。

以新左衛門的例子來說，x 是天數，y 是那天能獲得的米粒數。也就是能計算「第 5 天能獲得多少米？」。

但是，或許新左衛門曾有這樣相反的疑問也說不定呢。
「米粒超過 10 萬粒的時候，會是第幾天呢？」

的確。他可能有那樣想過。

對吧。一開始設定目標改為 y，求對應的 x。像這樣的函數在數學稱為反函數，且任何函數都能成為反函數。

嗯？比方說二次函數變形為「$x=$」的這種形式，也能稱為反函數？

可以喔。二次函數 $y=x^2$ 的反函數，開根號就可以了，寫成「$x=\pm\sqrt{y}$」。

是～哦～。沒想到，指數函數竟然也有反函數。

是的。那將 $y=2^x$ 這個式子，變成 $x=$ 的形式看看。

$$y = 2^x \rightarrow x = \boxed{?}$$

咦？這麼簡單的式子卻無法變形！

 所以在這裡就要使用 log 這個特殊記號。使用 log，變成「$x=$」的型態，會是長這樣。

$$x = \log_2 y$$

 這什麼鬼東西……念咒語？？？

 文組人看來的確像魔法語言吧～（笑）。這是對數函數，意思上是「底數是 2 的乘冪要等於 y 時，是多少次方（x 值是多少）？」的意思。順帶一提，log 是從英文 logarithm 來的。

⇨ 天文數字也可以處理的對數函數

 寫法上，在 log 右下寫上「底數」。這次是 2^x 所以底數是 2。然後旁邊寫個大大的「y」。這個 y 是實際上底數 2 的 x 次方時的結果。數學稱作「**真數**」。

$$x = \log_2 y$$

（指的是 2^x 的 2）底數　　真數（2^x 的值）

 在這裡代入像是 10 萬粒的數字對吧。

沒錯。比方說……，

反覆進行 2 的乘冪到 4096 是幾次方？

假設想知道這個。寫出式子「$x = \log_2 4096$」，再以計算機或 Excel 計算就可以了。

 這也能用計算機算嗎？

 可以喲。那麼再次把 iphone 的畫面轉成橫向的計算機吧。

 喔……，我發現有「$\log_{10}$」這個謎樣的按鍵。

那個是計算「10 的幾次方？」時的按鍵，你按看看左邊有個「2nd」的鍵。如此一來就會出現「$\log_2$」的按鍵喲。

喔喔喔！出現了！！！

出現了吧（笑）。現在，輸入「4096」後按下「$\log_2$」。

……是說，我不敢相信自己竟然在函數計算機上按 log ！咦？該不會我其實還蠻強的……！

（自然地略過）所以說啦，只要記住 log 的概念，這種計算是小 case，馬上就能算出的。

答案是「12」！原來 2 的 12 次方是 4096 呀！
科技的發展呀，萬歲……！！！（爆哭）

想出這個對數的，是名叫約翰·納皮爾（John Napier）的超帥數學家在 400 年前想出來的。他花了一輩子在研究對數，託他的福，人類如今能透過計算處理許多事物。

約翰·納皮爾
（西元 1550－1617）

納皮爾……聽起來好像 Nepia 牌面紙。

（企圖忽視）是在調皮什麼啦～就算是很大的天文數字，只要用 log 來表示，**就變得超簡單的呢～（感動落淚）**。

……啊，抱歉在氣氛熱絡時潑您冷水。到底哪裡超好用，我腦中完全沒概念。

說的也是吼（笑）。比方說「3^{5000}」這個數的位數超級多的對吧？直接那樣算的話，會覺得「咦？計算機壞了嗎？」。那時，只要使用 log 改變式子，就會變得很精簡。比方說……，

$$y = 3^{5000} \rightarrow \log_3 y = 5000$$

所以啦，即使無法處理像 3^{5000} 的巨大數字，只要知道如何處理 5000 就行了。

也就是說，關於位數很多的數字，只要在計算的中間轉換成以 log 表示，最後的最後用計算機解 log 就行了。

因為出現了 log 的概念，所以處理**天體力學、宇宙物理學相關的計算時，難度都大幅降低了。**

宇宙呀。的確處理的數字會相當龐大呢（笑）。

畢竟都有「天文般的數字」這種字眼了呢～。

不過……，我日常生活又不會處理到天文數字……。

我認為對數函數不重要的理由就是這個，因為一般人用不到。而且 log 是為了將巨大的數字以清爽的形式展現，比較像「方便的工具」，並非有什麼特別的公式。

原來是這樣啊。

所以，**重要的是指數函數**。畢竟對數函數是指數函數的「換句話說」，只要不是太特別的情況，會計算指數函數就沒問題。
關於對數函數，只要有著「是天文學家使用的方便道具～」「是指數函數的反函數～」這樣的印象就很足夠了。

指數函數與音樂的深～度關係

舉例說到指數函數對社會的貢獻，一定不能略過介紹的就是
「音樂」。

音樂？感覺跟數學毫無關係呀。

大有關係呢。如果沒有指數函數，音樂就無法成立了。Do
Re Mi Fa So La Si Do 不會存在，也不會出現樂譜。**我也無
法以歌劇歌手出道了。**

原來如此……我才正要認同，但老師根本是藉機在說您的興
趣嘛（笑）。

被拆穿了嗎？（笑）。好的，我們來想像一下鋼琴的鍵盤。
從「Do」開始往上一個八度 Do，這之間有 12 個鍵盤對吧？
白鍵 7 個，黑鍵 5 個，音階是逐漸升高。

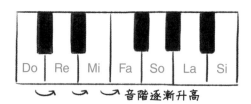

是的。

在這邊，來談談「音高的本體是什麼？」，答案是音
頻，也就是每 1 秒的震動次數。

鋼琴中有許多琴弦，當按下琴鍵時，琴鎚會敲擊琴弦，琴弦擺動而發出聲音。

琴弦在 1 秒內震動的次數為音頻，這個音頻越高，音高越高。音頻使用的單位是 Hz（赫茲），而現在國際標準是將鍵盤中央的「La」音頻定為 440Hz。

是～喔～，原來是這樣啊。

所以「高一個八度」其實就是代表 2 倍音頻的意思。

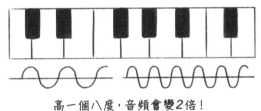

高一個八度，音頻會變2倍！

若是「高兩個八度音」，是 2^2，就是 4 倍；「高 3 個八度音」，是 2^3，就是 8 倍。

是喔，真有趣！聽起來只是「Do Re Mi Fa So La Si Do」，卻有音頻逐漸升高的感覺。

耳朵聽起來是那樣，數學上則是音越高，指數函數的震動越頻繁的意義。

最先發明這個理論的是以「畢達哥拉斯定理」聞名的畢達哥拉斯。

畢達哥拉斯
（西元前 582－西元前 496）

出場了……！是國中幾何的大魔王不是嗎！

 對。你記得很清楚嘛！他雖然是數學家，也是創造出音階的人喔。

契機是因為在打鐵屋聽到鏘鏘鏘的鐵鎚敲擊聲。發現當不同聲音重疊時，偶爾會出現相當悅耳的聲音。「咦？這個和諧感……是怎麼回事？」研究後發現不同的鐵鎚重量，會產生對應的音律。

 能注意到那種細節的畢達哥拉斯，也太強……（汗）。

 根本是神了嘛。是他定下高一個八度音頻會變 2 倍、So 的頻率是 Do 的 1.5 倍等的規則，這也稱為**畢達哥拉斯音階**。不過，有人對此持反對意見！那個人就是鼎鼎有名的巴哈。

其實畢達哥拉斯在思考音頻時，是使用了前面有稍微提到的調和平均（p.117）計算方法。80 和 60 的平均，是用 $\frac{1}{80}+\frac{1}{60}$ 來計算的方法。

是～喔～。音階是用數字計算出來的啊。

調和平均雖然能算出音階，但無法呈現完美的等比級數，會冒出有尾數的數字。

於是巴哈就說「不夠完美，不行！」，要以「高 1 個八度 ＝ 2 倍音頻」這個基本，將12音階調整成完美的等比數列，這稱為「平均律」，是現代音樂的主流。

沒想到竟然在這種地方出現等比數列……。

指數函數每次都乘同樣的數字，所以一定會變成等比數列的。

原來如此！！！

185

也就是說，巴哈是主張「當以 12 次方震動時，音頻是 2 倍那樣」來調整音階！。

將音階的音頻以數學方式寫出來，會是這樣。

$$x, \ xr, \ xr^2, \ xr^3, \ xr^4, \ \cdots\cdots, \ xr^{12}$$

最右邊的 xr^{12} 會變成 $2x$，因為想要解開 $xr^{12} = 2x$ 的式子，所以需要計算公比 r。

這個時候，兩邊除以 x，就變成 $r^{12} = 2$ 的方程式了對吧？

$$xr^{12} = 2x$$
$$r^{12} = 2$$

解開這個的話，就能知道等比級數的公比 r！

唔……。之前說是要怎麼解啊？

兩邊乘上 $\dfrac{1}{12}$ 的指數看看。

等等等……等一下，為何突然要乘 $\dfrac{1}{12}$ ……？（超驚恐）

因為想把左邊消成 $r=$ 的形式呀～。
實際上來算看看吧。

$$r^{12} = 2 \quad \text{兩邊乘上} \frac{1}{12} \text{指數}$$

$$(r^{12})^{\frac{1}{12}} = 2^{\frac{1}{12}}$$

$$r = 2^{\frac{1}{12}}$$

左邊變成 $(r^{12})^{\frac{1}{12}}$，右邊變成 $2^{\frac{1}{12}}$。這裡請注意左邊的形式，「次方的乘冪」是指數相乘對吧？

如此一來，左邊只留下 r，右邊是 $2^{\frac{1}{12}}$。這就是巴哈想出來的「平均律的公比」。巴哈，太偉大了！！！

⇨ 用 iPhone 計算指數函數的方法

$2^{\frac{1}{12}}$？2 背著 $\frac{1}{12}$……總覺得好像……。

這也可以用 iPhone 計算機計算。我們打開內建的計算機，用橫向呈現為函數計算機，按下「2nd」按鍵，會顯示能計算底數是 2 的次方的「2ˣ」按鍵。

計算放入 x 的「$\frac{1}{12}$（也就是 $1 \div 12$）」後，按看看「2^x」的按鍵。

喔喔喔！出來了！是 **1.0594630**……！！！

也就是說，**平均律的公比是「幾近 1.06」**。用投資的角度來看，就是 **6%年利率**，**12 年後會變成 2 倍的意思**。音樂家都知道「1.06」這個不可思議的數字，是從等比級數和指數函數算出來的，順便複習一下，一舉三得♪

我了解到數學家愛音樂的理由了……！！

高中文組數學的「函數」就到此輕快地結束了♪

已經進展到這一步了啊！！**百感交集哪！**

第

4

天

秒懂高中數學的
「幾何」精髓！

不再霧煞煞的「三角比」

這一章要談高中讓很多人受挫的「sin、cos、tan」，談到這裡不少人甚至認為「絕望到失去意義……」。其實，三角比一點都不難，一起跟著西成教授學會必勝絕招吧！

⇨ 以餘弦定理搞懂三角形

上了代數和分析後，最後的課程是「幾何」。

記得國中數學的幾何大魔王好像是畢氏定理？

不錯。高中數學的幾何大魔王依然是畢氏定理，但我們要來學它的進階版「餘弦定理」。若是理組數學，還有個叫向量的大魔王，這部分會在特別課程解說。總之，今天會集中在餘弦定理的說明。

簡單複習畢氏定理，當遇到直角三角形時，其最長邊長的平方等於剩餘兩邊邊長平方的總和，也就是「$a^2 + b^2 = c^2$」的式子會成立。

國中版有用三種方法證明過呢。

對。而高中會從這裡開始提升層次，處理直角三角形以外的三角形。讓大家都能以式子表示任何三角形三個邊的關係，這是主要目標。

表現這三個邊的關係的公式稱為「餘弦定理」。

實際上教科書還講了很多瑣碎的項目，但最具有壓倒性份量的就是餘弦定理了。為什麼呢？因為若把直角三角形代到餘弦定理的式子中，也能導出「$a^2+b^2=c^2$」這個畢氏定理。也就是說餘弦定理中也囊括了畢氏定理。

囊括？

就是更實用的意思。

是～喔～～。

所以，這次的目的也不是背公式，而是希望大家能具備導出餘弦定理的能力，最重要的裝備就是文組的宿敵——「三角比，sin、cos、tan」。

噩夢來了，光聽到名字就冒汗了（笑）。

別擔心，這裡我也有獨家竅門，一定能讓你理解。

這裡提點一下後面的流程，我們會先學三角比，再來是理解餘弦定理，有了這兩個武器，最後提到三角函數的時候，就能瞬間把它K.O。

 能夠先得知整體概念，心情稍微輕鬆了一點。

⇨ 畫三角形的西成流作法

 那麼不囉嗦，我們立刻以攻克餘弦定理為目標，一點一點準備吧。首先請看這張圖。

直角三角形的三邊邊長各為 a、b、c。**之前直角三角形要怎麼畫是個人自由，但高中之後必須記住一定的規則。**

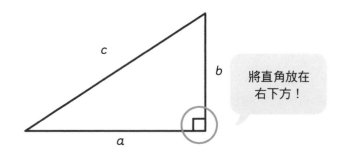

規則是，**直角要畫在右下方**。如果把直角放在左上、左下或右上時，會變得很難處理。所以**即便麻煩，也要重畫一次讓直角落到右下方。**

好繁瑣喔。
我是那種討厭被人命令的類型說……。

真是任性啊♡
就算明說「不按照規則沒有好處」，也不想聽話嗎？

一定聽！（笑）

那麼請那麼做（笑）。之後馬上就能了解，這裡如果不記住這個規則，在進入三角比後會很驚慌。如果有在讀本書的國中生（是不是忘了本書 18 禁），從國中開始將這個規則養成習慣，你們進入高中會輕鬆許多呦。

⇨ sin、cos、tan 是指「邊長比」

以記住三者關係為前提，我們繼續說明，接下來會聚焦在 a、b、c 三個邊的邊長比。

比嗎？

是的。稱它為「比例」或「倍率」也都 OK。
在數學界，$\dfrac{a}{c}$ 稱為 cos，$\dfrac{b}{c}$ 為 sin，$\dfrac{b}{a}$ 是 tan。

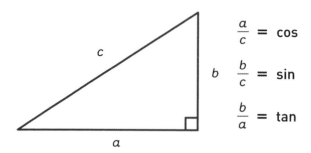

$$\frac{a}{c} = \cos$$

$$\frac{b}{c} = \sin$$

$$\frac{b}{a} = \tan$$

 出現啦！我的天敵……！！

 不過，我們沒有講什麼困難的內容吧？「$\frac{a}{c}$」是「邊長 a 除以邊長 c 的比」，稱為 cos，只說了這樣而已。

 嗯哼。原來是在說「比」啊……。

 所以 sin、cos、tan 稱為「三角比」，也就是在說「邊長的比」。只不過大家最容易混淆的，就是容易忘記 sin 是哪個邊和哪個邊的比。

 也只好卯起來用背的？

194

記法很簡單。cos 呢，是想像環繞三角形左外圍，寫一個英文字母 C。如此一來，會先經過邊長 c 再經過邊 a，對吧？這時，腦中要試著說「c 分之 a！」，先經過的是分母，之後到達的是分子。

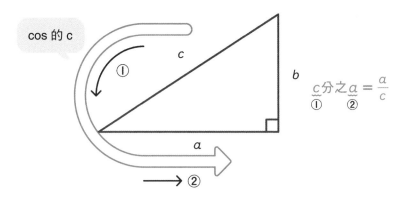

 喔喔喔～～～～！

 sin 的話，來寫個草寫的 s 吧。有「 $\measuredangle$ 」這種符號對吧？

先經過邊長 c 後，再到邊長 b，所以是「c 分之 b」。

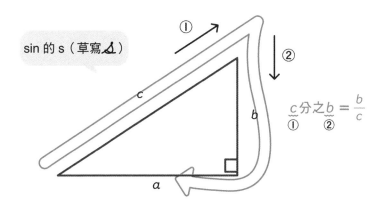

tan 也是寫出草寫的 t，先經過邊長 a 後到達邊長 b，所以是「a 分之 b」。

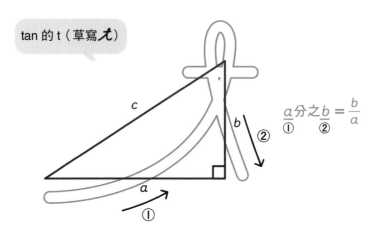

tan 的 t（草寫 **ʈ**）

$$\underset{①}{a} 分之 \underset{②}{b} = \frac{b}{a}$$

 懂英文草寫的人很容易記耶。

 大概有八成的都東大教授是這樣記的（笑）。

再次重申，**這個關係只限在直角三角形中成立，而且直角要位在右下方**。所以剛剛才說，如果畫反了就算麻煩也要重畫一個三角形。相反地，只要掌握三角形的位置，三角比就不會是問題了。

 哇嗚～～～！非常認同！！

➡ 忘掉 tan 的存在吧！

 這裡補充一個學校沒有提到，但很重要的訣竅，可以忘記 tan 沒關係！！

 蛤？這麼隨便嗎……？

 為什麼呢？因為 tan 能用 sin 和 cos 表示。

來說明一下就知道。tan 是「$\dfrac{b}{a}$」，表示「邊長 b 是邊長 a 的幾倍長？」，另一方面，cos 是「邊長 a 是邊長 c 的幾倍長？」，sin 是「邊長 b 是邊長 c 的幾倍長？」，這樣列出來有發現到什麼嗎？

 該不會，因為 sin 和 cos 都有邊長 c？

 沒錯。cos 和 sin 都是表示相對於邊長 c 是幾倍，而 cos 和 sin 的比，也就是邊 a 和邊 b 的比。

$$\underset{\dfrac{a}{c}}{cos} \qquad \underset{\dfrac{b}{c}}{sin} \qquad \underset{\dfrac{b}{a}}{tan} \quad \Rightarrow \quad \dfrac{sin}{cos}$$

sin 和 cos 能計算出 tan！

這裡，先暫時先忘掉三角比。比方說，A 同學的身高是 C 同學的 1.2 倍，B 同學的身高是 C 同學的 0.9 倍，這時 A 同學和 B 同學的身高比是多少？

 啊，1.2：0.9 對吧。原來是這麼回事！

 沒錯。三角比的 tan，**就是 A 同學和 B 同學直接比較後的結果**。他們各自有與 C 同學的相比資料，只要使用那個即可得出。

sin 和 cos 的概念在高中數學有很大的意義，但很明顯 tan 是來湊熱鬧的，在以精簡為原則的前提本書是不需要的，所以省略它（笑）。

 不愧是有出過「去蕪之歌」的專輯歌手呢（笑），果然懂音樂的數學家就是不一樣。

 是由**小椋佳作詞、作曲的，應該要賣得更好才是**（淚）。哎呀，總之就是可以忘記 tan 啦。

⇨ 直角三角形中必要的 θ

不過，這裡不是三角比的完美結尾哦。

我們知道了 cos，表示了解了邊長 a 與邊長 c 的比例，但是還是看不出「是怎樣的三角形？」。因為同樣的直角三角形，有超級長或超級短的的邊長 a。

啊～對耶。

該怎麼更明確地表示「直角三角形」呢？在我們知道右下角是直角的前提下，只要再定下另外 2 個頂點的其中一個角度，就沒問題了。

為什麼呢？因為三角形的特性就是三個內角加起來為 180 度。

甘安捏（笑）？

是啊。小學就學過了（笑）。
這裡又出現了這個基本的數學規則。當直角在右下角的三角形，左側的，也就是邊長 c 與邊長 a 相夾的角度，我們稱之為 θ（Theta）。

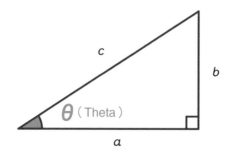

然後像下面範例，將 θ 寫在 sin、cos 右邊，就是三角比的標準寫法。

$$\frac{a}{c} = cos\theta$$

$$\frac{b}{c} = sin\theta$$

 希達（Sheeta）！？巴魯（Pazu）……！（不好意思，這是天空之城的哏嗎？）但是，到底是右上角還是左下角，感覺很容易記錯。

 如果記不清楚位置，就以「左 θ（左邊的 theta）[*]」這個冷笑話來記吧（笑）。

 噗……，毀滅的魔咒「左邊的 Theta」！雖然心有不甘但確實記起來了……（笑）。

 是引導解法的魔法詞彙呢（笑）。我問你等邊直角三角形，θ 是 $45°$。這時邊長 c 與邊長 a 的比，你知道嗎？

---

[*]　此為日文的同音遊戲。「左下」的日文是 hitari－shita，剛好「θ」的發音接近 shita，所以作者以此發揮。

啊～～～，好像是有根號的那個對吧？

 沒錯。是 $\sqrt{2}$：1，寫成 $\cos 45° = \dfrac{1}{\sqrt{2}}$。

 可以代入 θ 嗎？

 當然，θ 和 x、y 用法一樣，當不知道角度的時候就寫 θ，知道的話直接放數字即可。

 那……像 $\sin 55°$ 的時候，實際的值要怎麼計算？

 可以用函數計算機。任何函數計算機都有「sin」「cos」「tan」的按鍵，只要依序按下「55」「sin」……。

 我來試一下……。0.819……！

 不過，學校考試應該不能使用計算機，所以就記住代表性的數字吧。以下是我列出最基本的重要數值。

必須記住的三角比

$$\sin 30° = \dfrac{1}{2} \qquad \cos 30° = \dfrac{\sqrt{3}}{2}$$

$$\sin 45° = \dfrac{1}{\sqrt{2}} \qquad \cos 45° = \dfrac{1}{\sqrt{2}}$$

$$\sin 60° = \dfrac{\sqrt{3}}{2} \qquad \cos 60° = \dfrac{1}{2}$$

像這樣♪

在上畢氏定理時，有一起學過⋯⋯。

 沒錯沒錯！θ 在 30°、45°、60° 的直角三角形，其三角比是漂亮的數字，直接記住比較快。請再仔細看看下面三個圖，並記住這幾個重要的數字。

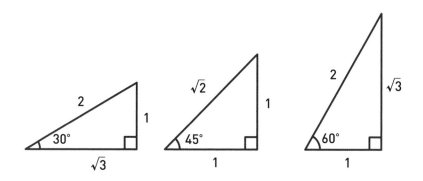

➡ 三角比經常出現的陷阱題

 考試會有很多刁鑽的題目，像是「試求下方三角形的 $\cos\theta$」這樣的問題。

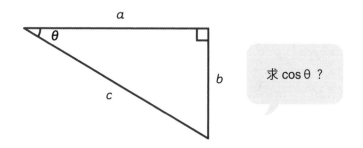

求 $\cos\theta$？

因為必須把直角放在右下，所以順時針轉 90 度？

 上鉤了呢。那樣的話，θ 就會跑到右上方了。可是要記註「左 theta」唷。

正確解法是將三角形啪搭地向上翻。θ 就會是左 θ（左下）了（笑）。然後將對應邊長和角度寫入。事先準備好這部分後，三角比就可以登場了。

 呃～。因為是 c，所以是「c 分之 a」對吧？

 是的。$\cos \theta = \dfrac{a}{c}$ 是答案。

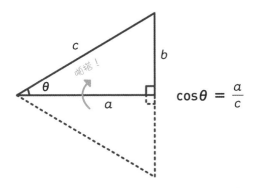

高中學的三角比問題，只要冷靜下來、畫出三角形的標準方位，就能輕鬆解開了♪

以上就是三角比的說明！

不會吧～，就這樣？！
明明是我長久以來的強敵⋯⋯竟快速制伏了，嚇到我了。

 是吧？只要掌握訣竅就超簡單。

面對強敵三角比──
sin、cos、tan，

卡關的時候用「右下直角，左 θ 」就能立刻解決！

休息一下……

俐落導出
餘弦定理公式

前面章節徹底理解三角比了吧！現在運用這個工具來證明高中文組數學的幾何大魔王「餘弦定理」吧。

⇨ 用三角比可以做的事

 了解三角比後，知道自己增添了什麼技能嗎？其實，在高中數學有兩個地方可以延伸運用哦。

其中一個是用在分析領域的「三角函數」。這個之後會談到；另一個是幾何領域的「餘弦定理」。我們以「能表示所有三角形的三邊關係」為目標，來進入這堂餘弦定理吧。

三角比
sin、cos

→三角函數（分析）

→餘弦定理（幾何）

 老師，有件事我一直很在意，「餘弦」到底是指什麼？

其實就是指 cos。sin 稱為「正弦」，cos 稱為「餘弦」。
餘弦定理中使用的是 cos 所以才有此稱呼。

原來是那樣啊！該不會也有「正弦定理」？

有是有，但直接忽略吧（笑）。餘弦定理是畢氏定理的進階
版本，而且更好用！所以，這本書只會提到這個哦。

那麼就使用三角比來瞬間證明餘弦定理吧。

➡ 導出餘弦定理① 事前準備

首先，畫出如下的三角形 PQR。

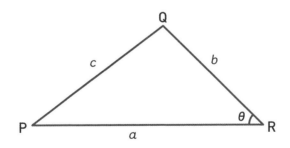

這個三角形沒有一處為直角，卻要算出 3 邊關係式，這可不
好玩呢。而且還很故意在右下寫著 θ，讓人忍不住想說
「到底想欲按怎啦！」。

……嗯（完全沒有想法……）。

看你一臉「哎呀，無從下手呢……」，對付幾何問題無法下手時，訣竅就是直接開始。

說的比唱的好聽（笑）。

總之先從點 Q 到邊長 a 畫一條垂直線吧。然後，將該垂直線的長度設為 h。如此一來，原本的三角形就分為兩個直角三角形了。

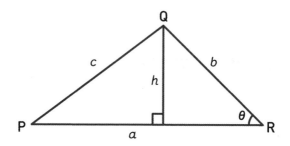

哦～。

會有「哦～」的感覺對吧。那麼請將視線移到右邊的直角三角形。有直角，也有 θ，這下子可以將 h 和 b 的關係以三角比來表示了吧。

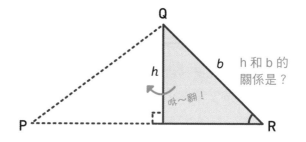

呃呃呃……？

208

這樣思考下去只會陷入死胡同，按照上一課學到的，把直角放到右下、θ 移到左下，重新處理直角三角形吧。這個情況，把三角形轉向左邊。如此一來，經過 b 到 h 的會是……。

是 sin！

正是。

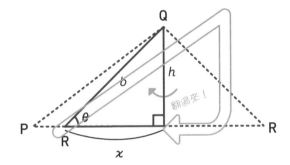

事前準備①

$$\sin\theta = \frac{h}{b}$$

總之這裡成立了 $\sin\theta = \dfrac{h}{b}$ 這個式子，之後會用到。

現在將直角三角形的底邊長設為 x。那麼 b 與 x 的關係以三角比來表示會如何？

經過 b 去到 x 的是……cos。

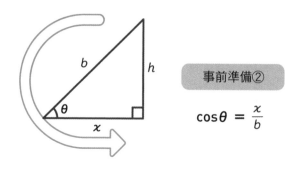

事前準備②

$$\cos\theta = \frac{x}{b}$$

好的。如此成立了 $\cos\theta = \dfrac{x}{b}$ 這個式子。以上事前準備都已完成。

導出餘弦定理②成立公式、解開

現在請注意左邊的直角三角形。這個三角形的高是 h。底邊呢，是從 a 減去 x，所以可以寫成 $a - x$。最長的斜邊是 c 對吧。

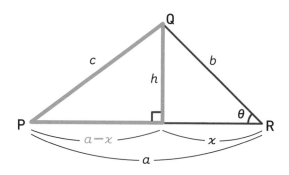

將這代入畢氏定理看看。

$$(a-x)^2+h^2=c^2$$

 好。……但是為什麼要這樣做呢？

 最終目的呢，是想導出包含 a、b、c 三者的關係式。

 但是……陌生的符號增加了說……。

 是吼。
這裡呢，要活用事前準備的式子，將 $(a-x)^2+h^2=c^2$ 這個式子中的「x」和「h」，變成我們學過的記號。

 喔。

 首先是 x。剛才成立了 $\cos\theta=\dfrac{x}{b}$ 這個式子對吧？

將這個式子的兩邊乘上 b，$x=b\cos\theta$。

事前準備② $\cos\theta=\dfrac{x}{b}$ ← 兩邊乘上 b

$b\cos\theta=x$

也就是 $x=b\cos\theta$

 哦！

211

接下來是 h。$\sin\theta = \dfrac{h}{b}$ 這個式子前面成立過了。這邊也是

兩邊都乘上 b，會得到 $h = b\sin\theta$。

$$\text{事前準備①}\quad sin\theta = \frac{h}{b} \quad \leftarrow \text{兩邊乘上 } b$$

$$b\,sin\theta = h$$

$$\text{也就是}\ h = b\,sin\theta$$

 哦，哦～！這怎麼回事……有點超乎想像！

 你好像看出門道來了（笑）。

最後將「$(a-x)^2 + h^2 = c^2$」式子中的 x 和 h，各自替換
成 $b\cos\theta$ 和 $b\sin\theta$。

$$(a-x)^2 + h^2 = c^2 \leftarrow \begin{array}{l}\text{用畢氏定理表示左邊}\\\text{直角三角形的}\\\text{邊長關係式}\end{array}$$

$$(a-b\,cos\theta)^2 + (b\,sin\theta)^2 = c^2$$

$$\uparrow \text{代換 } x \text{ 和 } h$$

現在要解開這個式子。展開 $(a-b\cos\theta)^2$ 在國中時學過
了。$(p-q)^2$ 可以展開成 $p^2 - 2pq + q^2$。

重點 在這裡！

$$(p-q)^2 = p^2 - 2pq + q^2$$

$$(a-b\cos\theta)^2+(b\sin\theta)^2=c^2$$

$$\downarrow \quad (p-q)^2$$

可展開為 $p^2-2pq+q^2$ $\downarrow$

$$a^2-2ab\cos\theta+b^2\cos^2\theta+b^2\sin^2\theta=c^2$$

順帶一提，要注意像是 $b^2\cos^2\theta$，指數要寫在 cos 和 θ 之間。因為若將指數寫在 θ 右肩，意思會變成「θ^2 這個角的 cos 值」。

 呃……，那個先緩緩，為何不是 $b\sin^2\theta$？

 那樣的話意思也會改變。我們展開 $(3\times4)^2$，是 $3^2\times4^2$，並不是 3×4^2。

 啊，懂了。是 $b\sin\theta$ 乘 2 次啊。

 是的。不過，式子仍然亂七八糟，我們把左邊 $b^2\cos^2\theta$ + $b^2\sin^2\theta$ 這個部分的 b^2 括號起來。

$$a^2-2ab\cos\theta+b^2\cos^2\theta+b^2\sin^2\theta$$
$$=c^2$$
$$a^2-2ab\cos\theta+b^2(\cos^2\theta+\sin^2\theta)$$
$$=c^2$$

好的♪ 暫時到這裡，待會我們先證明下一頁這個漂亮的三角比公式。

就是這個

漂亮的三角比公式

$$\sin^2 \theta + \cos^2 \theta = 1$$

（※θ 為任何值都成立）

⇨ **導出餘弦定理③ 先來證明 $\sin^2 \theta + \cos^2 \theta = 1$**

只要將畢氏定理代入這個公式，就可以**一口氣證明** $\sin^2 \theta + \cos^2 \theta = 1$。

若回想直角三角形的三角比課程，就是 $\sin \theta = \dfrac{b}{c}$、$\cos \theta = \dfrac{a}{c}$ 是吧。這裡的 a、b、c 並不是第 207 頁的那個，是第 192 頁的哦。

好。

那麼，$\sin \theta$ 和 $\cos \theta$ 各自平方會是如何呢，就是 $\dfrac{b^2}{c^2}$ 和 $\dfrac{a^2}{c^2}$。**分數平方時，分子和分母各自放上指數即可。**如此一來，因為 $\sin^2 \theta + \cos^2 \theta$ 這個式子分母相同，可以縮寫為 $\dfrac{a^2+b^2}{c^2}$。

$$sin^2\Theta + cos^2\Theta$$

$sin\Theta = \dfrac{b}{c}$ 的平方⋯

$cos\Theta = \dfrac{a}{c}$ 的平方⋯

$$= \dfrac{b^2}{c^2} + \dfrac{a^2}{c^2}$$

$$= \dfrac{a^2+b^2}{c^2}$$

好的，這裡來複習國中數學！畢氏定理是什～麼？

 呵呵呵⋯⋯$a^2+b^2=c^2$（得意貌！！）。

 正確答案！所以如此，$\dfrac{a^2+b^2}{c^2}$ 的分子可以換成 c^2，$\dfrac{c^2}{c^2}$ 分子和分母相同所以是 1。所以 $sin^2\theta + cos^2\theta = 1$ 這個公式成立。

消去 a、b、c 了，所以可以知道不論任何 θ 都會成立。

$$sin^2\Theta + cos^2\Theta = \dfrac{a^2+b^2}{c^2}$$

$$= \dfrac{c^2}{c^2}$$

畢氏定理
$a^2+b^2=c^2$

$$= 1$$

⇨ 導出餘弦定理④ 完成

好的，再次回到餘弦定理的內容。

我們已經進行到 $a^2 - 2ab\cos\theta + b^2(\cos^2\theta + \sin^2\theta) = c^2$ 這個式子。這裡把（$\cos^2\theta + \sin^2\theta$）套入剛才證明過的漂亮公式……。

啊，是 1。

對。這樣式子就瞬間變清爽了吧？像這樣……

$$a^2 - 2ab\cos\theta + b^2\underline{(cos^2\theta + sin^2\theta)} = c^2$$

$$1 \swarrow$$

$$\boxed{a^2 - 2ab\cos\theta + b^2 = c^2}$$

餘弦定理

鏘鏘鏘鏘～！這就是餘弦定理！！ 如此一來，任何三角形只要知道任兩個邊的長度 a、b，以及它們的夾角 θ，就能算出剩下的邊長 c。

這個…然後這樣……原來如此！ 中間一度快不行了，勉強跟上來了……（汗）。超驚險滴～。

一口氣追上來了呢（笑）。

不過，不同於三角比的 θ ，餘弦定理的 θ ，是指右下方 a、b 邊的夾角。只有這點需要特別注意。

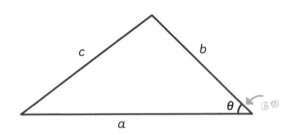

⇨ 餘弦定理與畢氏定理的關係

右下嗎？

比起位置，請記住 a、b 這兩個邊所夾的角是 θ 。之前說過餘弦定理包含畢氏定理，若考慮畢氏定理為前提的直角三角形，用餘弦定理的式子來看 θ 就是 $90°$ 。

啊啊，因為右下是直角的關係？

不錯。那麼若說 $\cos 90°$ 是多少的話，是 0。

蛤？

217

為什麼呢？因為沒有那種三角形（堅定）。

這裡先暫時忘記餘弦定理，回想剛才直角三角形的三角比，$\cos\theta$ 是「$\dfrac{a}{c}$」，θ 在左下的內角對吧？且直角在右下。而所謂 $\cos 90°$ 代表左下和右下的角都是 $90°$，不會有這種三角形啦，這樣邊 c 與邊 b 永遠不會相交。

 啊，原來如此。

 如果是 $\cos 89°$ 還有可能。雖然會是超級歪的三角形，但終究會相交。

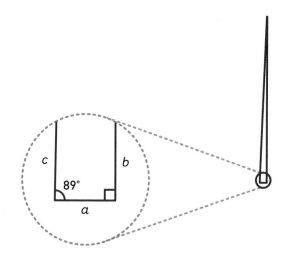

不過，那種情況邊長 c 與邊長 b 會變得超級長，$\cos 89°$ 會是極小的數值。實際上計算大概是 0.017 左右。所以說，如果是 θ 是 $90°$，數值就會是 0。

 原來如此～。看到圖就很容易懂了！

好的，當直角三角形的 $\cos \theta$ 會變成 0，餘弦定理正中央這個複雜的 $2ab\cos \theta$ 就會消失。最後剩下的就是 $a^2 + b^2 = c^2$。恰好就是畢氏定理。

哦哦哦！完全一模一樣！
證明畢氏定理的時候我有在想說，幾何的公式……好像都可以長得很漂亮。

真的是藝術等級的……♪（陶醉）

這是文組數學中幾何的巔峰了。因為 $\cos \theta$ 值可以用函數計算機算，任何三角形，只要知道 2 邊長與其夾角，剩下的邊長三兩下就能算出。怎麼樣，讓人很感動吧？

原來如此啊～。
難怪這個「一槌定音！」的感覺會讓人上癮欸。的確很讚♪

學習最後的分析工具「三角函數」！

這一堂課要談談三角函數,就是長得像「y＝sinθ」這樣的函數,用來表示三角比的「比(sin60°的答案)」與「角度(60°)」的關係式與圖形。

➡ 三角函數只是將 θ 與 y 的關係圖像化

好的,現在幾何總算結束了。再來只剩下三角函數。

我完全忘得一乾二淨。

三角函數屬於分析的領域,只要掌握 x 與 y 的關係就能平安過關啦。

三角函數,談的是 y 與 $θ$ 的關係。**比方說以圖形表示當 $θ$ 改變時 sin θ 的數值會如何變化即可。**而這些我們在三角比的課程中已經學過了,對嗎?

那麼,實際來畫圖吧。首先從 sin θ 開始。橫軸為 $θ$,縱軸 y 作為 sin θ。

好的,**可以想像當 $θ$ 為 0° 時,sin θ 值會是多少嗎?**

完全沒辦法。

 那麼，如果是 sin1° 呢？

 左下的 θ 是 1° 的意思是……邊長 c 和邊長 a 幾乎重疊，右側有一瞇瞇的邊長 b。

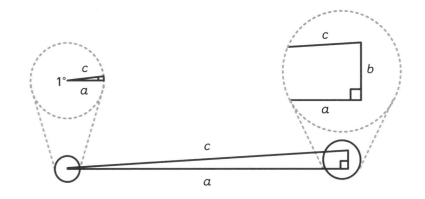

 沒錯。所以？

 ……分母的邊長 c 很大，分子的邊長 b 會變小……。
啊，幾乎是 0 呀。和 cos90° 一樣。

 優秀！所以 sin θ 的三角函數是從 0 開始。相反地當 θ 是 90° 的情況，sin θ 會是如何？可以想看看 sin89°。

 θ 如果是 89° 會變成垂直一條。因為是那種情況的 sin，邊長 c 和邊長 b。這 2 邊會幾乎一樣……。所以是 1？

正確答案！sin0°是 0，sin90°是 1。圖形上看起來會往右上延伸。

但光是這樣無法知道圖形是直線，還是曲線。

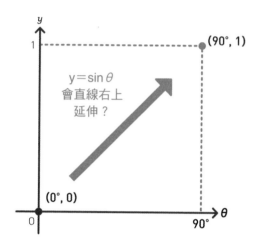

因此，只要在中間地帶實際上放幾個點就可以了。這裡可以回想剛才介紹過的漂亮三角比。當 θ 是 30° 與 60° 的時候。

sin30°是 $\dfrac{1}{2}$ 也就是 0.5；sin60°是 $\dfrac{\sqrt{3}}{2}$，$\sqrt{3}$ 是 1.7320508，計算後約是 0.865，再自然地連結起這些點，是一條曲線吧？這就是三角函數圖形的特徵。

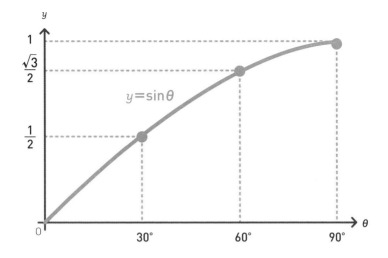

 是～喔～。

 再來是 $\cos\theta$ 的圖形。要做的事一樣，不過和 $\sin\theta$ 不同的是，$\cos\theta$ 的圖形是從1開始到0。$\cos 0°$ 是 1，$\cos 90°$ 是 0，當然，這同樣可以畫出一條曲線。

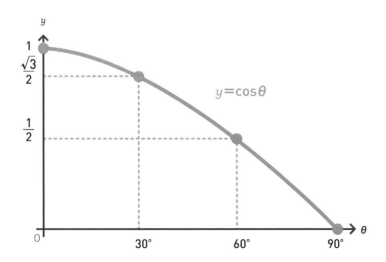

或許你有發現了，$y=\sin\theta$ 和 $y=\cos\theta$ 的圖形是以 $\theta=45°$（圖形的正中央）為中點的漂亮對稱形狀。

真的耶。

這個呢，其實可以從已經上過的公式來想像。
記得 $\sin^2\theta+\cos^2\theta=1$ 這個公式對吧。這也和「$\sin\theta$ 增加的部分是 $\cos\theta$ 減少的」的意思一樣，相加變成 1。

啊啊，對耶。

生活中在處理波長或頻率時會用到三角函數，同時也是物理學家用得最兇的函數。

另外，海嘯也能用三角函數計算，之前談到的音階、440Hz 這個「La」音，也是學者出手用三角函數就能搞定。

實際上用在物理的領域，需要考量 θ 超過 90° 的情況，但在一般高中數學中，90° 就很夠用了。

是～喔～～。物理會用到三角函數啊。

不錯。對文組人來說，或許「sin」「cos」聽起來就像是咒語一般的神祕東西，但在現代生活是非常具有意義的武器哦，而這些法寶我們都在高中課程學到了。

哎呀～～～。很巧妙地魔法化了呢（笑）。不過，我充分了解到這次課程的「意義」！

……好的，文組數學的課程就到此結束了！**恭喜你高中畢業！！！**

欸，不會吧……？高中文組數學，全部都上完了！？
之前光是看到謎樣的符號就快暈倒了，這次的課程讓我腦筋超清晰的……！！！
非常感謝！！！（感激涕零）

第5天

特別課程①
幾何的最終武器
「向量」！

偉大的「向量」

儘管高中文組數學已經不談「向量」了，不過主張「向量是國民必備常識」的西成教授深思熟慮後，決定加開特別課程來談一談這個重要的主題！

➡ 用代數解幾何問題！？

 終於來到**幾何的終極武器「向量」**了。這是凡是「研究會動的物體」的物理學者，每天理所當然使用的武器。英文是 vector。聽起來像是新的能量飲料對吧？（笑）

 （小聲）……是。

 也太小聲了吧！（笑）。總之，來聽看看吧。從大方向的內容來說，目前國小國中高中上過的「某某定理」的幾何裝備，與這次學的向量有一個關鍵的差異點。

 差異點……那，那是什麼？

 數學有代數、分析、幾何三大領域，**向量呢，能夠用代數解開幾何問題。**

請說人話。

 （笑）。就是「將圖形的問題，用二次方程式來解」。

之前上的幾何，是不知道長度或角度時，就設個代號，然後看看「能列出個像樣的式子嗎？」「有沒有已知定理可以用？」不斷在錯誤中嘗試後，回過神來才發現已經解開，對嗎？

 該說是靈光一閃決勝負嗎？印象中是畫出輔助線就能獲勝吧。

 對吧。簡言之就是用幾何來解幾何問題。

但是，若使用向量的概念，任何圖形都能帶進代數的世界了。

 帶進代數的世界有什麼好處嗎？

 弄成代數的話，不需要畫線，就只要機械性地咔嘰咔嘰解題即可。變換式子時用一點專注力就能完成，跟靈感再也無關，算是掌握度很高的工具喔！

 缺乏創意的我，也能咔嘰咔嘰地以數學式子解開嗎？

 當然！**很少靈光一閃的鄉同學也能游刃有餘喲**♡

謝……謝謝老師。

 想當初，我第一次接觸到向量是我高二的時候，當時覺得「**這也太好用了吧……。怎麼不早點教我們呢。**」真心不騙。

 如果那麼好用的話，為什麼不早點教呢？

 一方面是需要有二次方程式、三角比的知識，最重要的是向量這個概念很新，可能怕學生不好掌握吧。

 我也在還沒搞清楚什麼是向量的狀態下就結束了高中生活。

 但真的是很好用的道具，我甚至覺得是**國民應有的常識**。至今都不敢相信它竟然在文組數學的學習綱要中徹底消失了。

總而言之

說「向量」是
國民的基本常識也不為過。
一句話，**超好用！**

⇨ 「短短數行」就能證明餘弦定理

 那麼為了說明向量，首先訂下今天的目標吧。我們來證明幾何課程中的大魔王「餘弦定理」。

$$c^2 = a^2 - 2ab\cos\theta + b^2$$

要證明這個定理，之前學到的是在三角形上畫輔助線，將未知的長度設為 h 和 x，用盡洪荒之力導出定理（P.207-216）。但～是！這次，用幾行向量就要證明餘弦定理……！！！

 等等，幾行！？如果那樣的話，我們幹嘛要上之前的課呢！！！……我現在是在替讀者傳達心聲（小聲）。

 啊，出現客訴了呀（笑）。非常抱歉，因為向量已非文組數學的範圍了……。不過，像我一樣工作上會用到數學的專家，看到圖形會全部換成向量，三兩下就能以代數計算。而且，三角比也能使用向量，是必備技能喲。

 原來如此……（稍微鬆一口氣）。
那麼，那麼，以最強魔法「向量」來擊倒圖形吧（推派西成老師為主攻）！

231

了解「向量」的超嶄新概念

在向量裡困難的不是計算，而是理解它的獨特概念。這裡將說明向量是怎麼個嶄新法，並比較「純量」與「張量」這兩個不同類別的概念。

⇨ 向量是集結兩種資訊的「特殊容器」

 對許多文組的人而言，向量是相當謎樣的存在對吧。只隱約知道「是表示某種量的記號吧？」的程度。

 偶爾會聽到「運用向量吧」這句話，是指「方向」嗎？我都擅自這樣解釋。

 連大人也大概是那種程度，高中生一定更一頭霧水。

為什麼會一頭霧水呢，因為向量本身是「大小」和「方向」這「2 種相異資訊的組合」，日常生活中不太有機會接觸到這種概念。

涵括 2 種不同資訊……？
……有點不知所云。

（笑）。
我來說明一下吧。
我們人生會接觸到的各種數
字，也就是以某個測量單
位表現某個大小。長度、重量、溫度、角度。方程式使用
的 x 也是，未知數值就以記號代替表示某個大小。

⇨ 眾所熟知的「純量」

我們熟悉的 1、2 等數字，是代替它表現意涵的文字，
數學上稱為「純量」，這當然只包含大小的資訊。
比方說，拜託朋友「借我 1 萬日圓」的「1 萬日圓」表示金
額大小，這也是純量。

但是從朋友那邊借錢的話，同時也會思考到「借了 1 萬日圓
的話，自己的社會信用或許也會降低」不是嗎？

你說的是。向量就是類似那樣的概念。

能夠直觀地理解「純量」是理所當然的，**人類本來就只有純量的直覺，而挑戰那個直觀的就是「向量」。**

為了有效率地解決圖形的問題，將「大小」與「方向」這兩個純量組合，成為一個概念……。你可以瞭解嗎？這是多麼偉大、真的是相當了不起呢，向量……！（滿腔熱血）

 喂……老師！請回到現實世界！

 哎呀呀……不小心就（羞）。

⇨ 數據時代的主角「張量」

 如果要傳達更狂的知識，在向量之上還有個稱為張量（Tensor）的概念。

 ……感覺好像很強（笑）。

 Nono！**不是很強，是最強！！！**
若要說張量是什麼的話，就是在某個東西裡，不要說兩個，簡直是可以容納無數種純量概念的超巨大收納庫。資訊量雖然很龐大，但能以一個概念來處理。

 ……那樣意思不清楚的東西，到底誰會去用啊？

 可是確確實實地被運用在現今最流行的「機器學習」呢。Google 提供的機器學習計畫的名稱也稱作「Tensor Flow」，能容納許多變數，也就是將各種純量收納在張量裡，讓電腦去讀取。

是～喔～～（×3）。

雖然學到張量是理工科系大三、大四左右的課程內容，其實無法跟上的學生比率還蠻高的。如果能精通張量，**畢業後絕對毫無疑問能坐領高薪**。

不過，因為為了達到新境界，受邀聯誼的次數或許也會驟減（笑）。

我說……意思是**資訊的種類可以說 1 個是純量，2 個是向量，3 個以上是張量**……？

是那樣沒錯，不過其實張量也包含純量或向量。純量也被稱為「0 樓的張量」，向量是「1 樓的張量」。

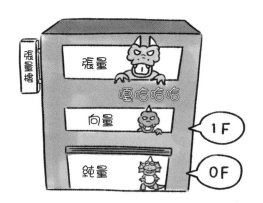

這樣的話，若是某個醫生思考出「表示身高和體重組合的新計量」這種東西，那就是向量嗎？

是的。概念上會是向量。
只不過，想用圖形來表現，按資訊類型來看，一個是邊的「大小」，另一個是邊的「方向」。

 嗯～哼……是那樣啊。

 在高中學到向量的時候，我想應該幾乎所有的老師都不會說明到純量、張量。要理解向量這個新概念，有個可以對照的東西比較容易了解不是嗎？像這樣。

所謂「量」的概念
是指從「純量」開始，
再產生「向量」，
最後進一步才是「張量」。

像是這樣

 您這樣說，很容易理解呢。

 不只是向量，數學各種概念的共通點，可說都是源自有人絞盡腦汁地思考「如果有這個東西會很方便吧？」這樣的出發點而導入數學界。那樣的想法與既往數學界的規則並不矛盾，一旦出現「這個的確很好用欸」的贊同者，那個想法就會作為數學的新規則保留下來。

怎麼感覺……數學這東西，比想像中來得還要自由欸。

 哎呀，只要遵照一定的規則，其餘根本是超級自由的領域呢。我們以為的規則其實都是數學家嘗試後走出來的，如果大家一直沒有其他想法，有可能**幾乎不會有創新的概念**呢。

歡迎來到數學的 A 世界

為什麼需要向量？

 雖然了解向量是劃時代的觀念了，不過為什麼要刻意將兩個資訊整合為一個呢？

 最大的理由是**希望任何圖形都能用式子來表示**。也就是說，**像是把圖形拉入數學家最喜歡的代數的世界**。

數學家最喜歡代數啊（笑）。

 若將圖形的「大小」與「方向」的純量個別處理，卻希望以一個式子來表現是很困難的，所以需要把它們合而為一。

 啊啊，的確即便都知道圖形的邊長或角度了，但似乎無法以一個式子來表現。

 而且向量厲害的是，彼此有明確的計算方法，向量獨有的計算方法稱為「向量代數」。

 是喔，是說有公式的意思嗎？

 有的。那個啊，是高中的理組課程在學的。
呵呵呵…**不過呢，現在要開始上啦！**

 準備好了！不過，拜託請手下留情…（淚）。

 沒問題的！**向量呢，其實超級簡單的！**
不但任何圖形都能轉換成式子，只要使用向量代數，眼前的問題咔嘰咔嘰地一下子就解決了。

「向量」是用箭頭當作記號喲

了解了向量的概念，來記住向量的實際寫法吧。只要遵照規則，在字母的頭上慢慢畫出箭頭就完成了，很簡單吧！

⇨ **向量的書寫規則**

 向量實際上的寫法，高中課本是這樣教的。

$$\vec{a}$$

邊長 a 的話，就寫小寫的 a，在上方畫一個向右的箭頭。只寫 a 代表的是邊長的「長度」，為純量。但如果加上箭頭，就是也包含「方向」資訊的向量。

 啊～～，這個 $\vec{a}$，好像在有看過和沒看過之間耶。

 順便說一下，**向量的畫法有很多種。很多做研究的人，是在 a 或 b 內加一豎，小心翼翼地宣示著「我不一樣喔」的特殊文字。**

這個情況，上面就不再加箭頭；若是大學教科書，也有單純將文字字體加粗的情況。

高中	研究學者	大學
$\vec{a}, \vec{b}, \vec{c}$	a, b, c	$\boldsymbol{a, b, c}$
		用粗體表示

中間的樣子，的確是我人生中第一次看到。

剛學到的學生，豎線的位置會寫在怪怪的地方，有點可愛。

⇨ 張量的畫法

順便問一下張量要怎麼寫呢？

張量使用「索引 index」的概念。寫出張量的符號後，將要涵括的資訊隨意寫在右上和右下即可，數學上稱為「上標、下標」的索引。

這個工具在愛因斯坦的相對論中，會使用在要表示量的時候哦！

$$\Gamma^{k}_{\ lm}$$

 已經，不會念了⋯⋯。

 稱為「伽瑪的 k、lm」之類的。因為相關範圍太廣，這裡只能割捨相對論的說明，不過這個式子中上標有 k 和下標有 l、m，代表是第 3 階的張量，而這 3 個的索引各自能涵括 4 個量，這個張量就能放入 $4^3 = 64$ 個純量。

 64 次元！

 張量呢，資訊壓縮的能力並非等閒之輩呀，一個記號可放入全宇宙的量。不論是怎樣的天才，看到張量的符號可能都會暫停呼吸 10 秒鐘（笑）。

 啊啊，索引多的話，光是理解記號的意思就很花時間了呢。

 沒錯。

➡ 試著把向量畫成圖

 實際上來畫看看向量吧。假設是 $\vec{a}$ 吧，**要用圖來表示時，就像這樣畫一個箭頭。**

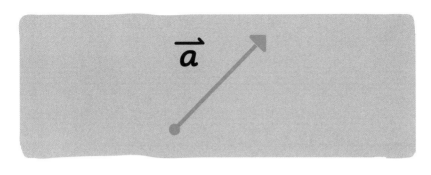

重點在箭頭的開頭和結尾，數學上稱為起點和終點。箭頭一定要從起點開始，以終點結束。

箭頭方向相反的話，意思會改變嗎？

那樣的話就變成反向量了。

作圖時的訣竅在於，從起點畫圓，往終點的方向畫箭頭，箭頭的長度表示向量的「大小」。如此就可以同時表示「方向」和「大小」。

這是向量的基本畫法。

該怎麼說呢⋯⋯因為太簡單了反而有種強烈的違和感⋯⋯。

的確到目前為止，沒有像這樣在解釋圖形本身的說明呢。

那……**從這個圖可以知道方向的角度嗎？**按我這個外行人的想法，不在某個地方寫上角度總覺得怪怪的。

你注意到很重要的一點！方向若沒有基準就無法決定，實際上只寫 $\vec{a}$ 來表示圖沒什麼意義。**向量為了準確表示方向，還需要另一個的向量。**

我就知道。

那麼在剛才的圖上加上向量 $\vec{b}$ 吧。
像這種感覺，從同樣起點開始延伸出 $\vec{a}$ 與 $\vec{b}$，可以知道兩個向量的「夾角」。

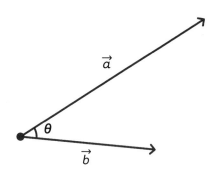

夾角？？？

是指 **2 個直線相交處形成的角度**。比方說，我們以 $\vec{b}$ 為基準，才能說出「$\vec{a}$ 是從 $\vec{b}$ 傾斜幾度」這樣。

嗯。

 順便說向量中的「夾角」，多半也是使用在三角比中表示角度的變數「θ」。以下這裡會有點容易讓人混淆，因為**向量中出現的 θ 要從逆時鐘方向思考**。

 蛤？

 比方說這個圖，可以說 $\vec{a}$ 是比 $\vec{b}$「正的角度」。如果 θ 是 30 度的話，可以說是「正 30 度」之類的。

 啊，如果是順時鐘的話就是負的了，對吧。

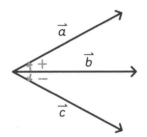

$\vec{a}$ 是 $\vec{b}$ 比正的角度

$\vec{c}$ 是 $\vec{b}$ 比負的角度

 是的。相反的話，就是「負的角度」，就以「負 30 度」來表示。

 感覺好像抵抗也無效，我就接受吧。

 真謝謝你（笑）。

「向量」的計算超簡單！

向量彼此可進行「加法」「減法」「乘法」（但無法進行「除法」），這種向量彼此間的計算稱為「向量代數」，我們一起來一探究竟吧。

⇨ 來算算向量的加法吧

好的，現在開始要邁開步伐，進行向量彼此的計算了。首先從加法開始。

$$\vec{a} + \vec{b}$$

這要怎麼計算呢？只要**以圖形來思考的話就會非常容易理解**。

首先畫出這兩個向量的平行四邊形，接下來從 $\vec{a}$ 和 $\vec{b}$ 的共同起點開始，畫出一條對角線。實際上這個對角線呢，正是向量相加的答案。

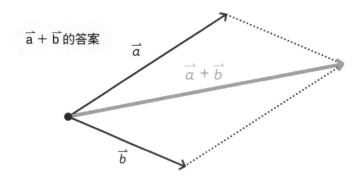

$\overrightarrow{a} + \overrightarrow{b}$的答案

$\overrightarrow{a}$

$\overrightarrow{a} + \overrightarrow{b}$

$\overrightarrow{b}$

 為什麼會變成那樣呢？

 在這裡與其去探究「為什麼？」不如想說「思考向量的人原來是那樣來定義加法的呀」比較好。

畢竟向量的加法完全是抽象的世界。或許起初是某人的突發奇想，導入到數學的世界後也沒有產生矛盾，所以就那樣定案了。

 因為是歷經好幾代數學學者嚴格把關後留存下來的定義，「你就乖乖地給我相信」的意思？

 就是那個意思。
因為是加法，不需要平行四邊形也能表現。
會怎麼看呢？在$\overrightarrow{a}$的終點，可作為$\overrightarrow{b}$的起點，只要滑動$\overrightarrow{b}$就可以相連。一個箭頭的起點，和另一個箭頭的終點直接相連，就成了加法的結果。

但是……如果移動向量的話，不會變成別的向量嗎？

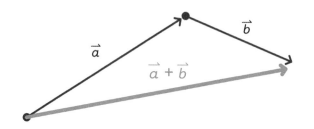

 請你回想一個東西，向量所包含的資訊是「大小」和「方向」。並沒有「起點的位置」，也就是座標軸的資訊。因此，怎麼平行移動都可以。

這是在處理向量時相當重要的性質。無論是以座標上的任何位置為起點，「大小」和「方向」都是不變的。

 平行移動？啊，的確只是滑動而已呢。

 沒錯。相反地，即使起點相同，向量角度只要改變 $1°$，就會變成是別的向量了。

 原來如此。

 向量的加法無論有多少個向量都是一樣，計算 $\vec{a}$、$\vec{b}$、$\vec{c}$、$\vec{d}$ 這 4 個向量時也是，$\vec{a}$ 的終點與 $\vec{b}$ 相連，$\vec{b}$ 的終點連到 $\vec{c}$，不斷連結下去，成為綿連的箭頭。畫出 $\vec{a}$ 的起點與 $\vec{d}$ 的終點相連的箭頭時，就是 4 個向量的和。和，當然也是向量。

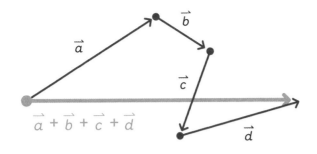

 這個是指……在 $\vec{a}$ 後面接 $\vec{c}$ 也可以嗎？

 完全沒問題。以 $\vec{a}$、$\vec{c}$、$\vec{b}$、$\vec{d}$ 的順序連接也是,最終的向量和是一樣的。

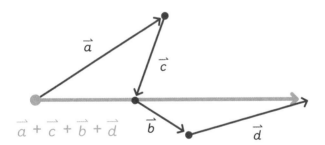

還有,我們看看下圖,從 $\vec{a}$ 到 $\vec{b}$ 和從 $\vec{c}$ 到 $\vec{d}$ 的 2 個路徑,很明顯我們可以看出前者的距離繞比較遠,不過單純看向量和的話,其實兩者是相同的哦。

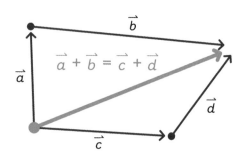

$$\vec{a} + \vec{b} = \vec{c} + \vec{d}$$

有點像拼圖，蠻有趣。

向量呢，它的別名是箭頭數學，非常像拼圖。

如此向量的加法就到這邊為止。順便一提，向量彼此間相連稱為「**向量合成**」，要做的只有相連動作而已。

我女兒也經常拿玩具火車唱著「連起來、連起來～♪」，我回家後要教她「向量，合成～♪」的歌，**早期教育！**

出發發～♪

「**這是哪款老爸啊？**」幼兒園的老師會很驚訝吧（笑）。

⇨ 也來算算向量的減法吧

 接下來是減法。假設有相對於 $\vec{a}$，$-\vec{a}$ 這樣的東西。

要說這個負號代表什麼意思，是指**相反方向的箭頭**。剛才說過「箭頭的方向若改變，會完全相反」，說得正是加減的意思。

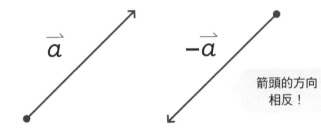

箭頭的方向
相反！

 是～喔～。

 大小相同，畫線的角度也一樣。只是起點與終點交換。這稱作**反向量**。

 嗯嗯。

 反向量的定義如果是像現在這樣的話，

$$\vec{a} - \vec{b}$$

該怎麼思考才好呢？最容易理解的方式大概是想一下加法。

 可是明明是減法欸？

 也就是將 $\vec{a} + (- \vec{b})$ 用代數方式來思考的意思。

如果要從 $\vec{a}$ 減去 $\vec{b}$ 的話，先將 $\vec{b}$ 換成反向量後，再進行向量合成即可。

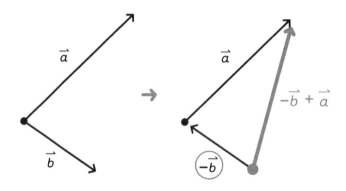

從 $\vec{a}$ 想減去 $\vec{b}$ ……　　　　變成負的後相加即可！

 是～喔～～。拼圖氣氛愈來越強烈了。

 是吼。雖然逐漸變得有點像頭腦體操，不過最後只要專注在「哪裡是起點，哪裡是終點」，就不難。

合成的時候只要辨別路上的箭頭，逐步往前就沒問題了。連小學生也會。

原來如此！

⇨ 試著分解向量吧

順便說一下，向量也可以分解喔。**向量彼此間雖然無法使用除法，但可以將一個向量分割成數個。**

想像不出來……

這也是畫個圖就能一秒理解的，比方說這個 $\vec{a}$，是 $\vec{b}$ 與 $\vec{c}$ 的和，能夠像這樣表示。這個 $\vec{b}$ 或 $\vec{c}$ 呢，只要 $\vec{b} + \vec{c} = \vec{a}$ 成立，怎麼選都沒關係。

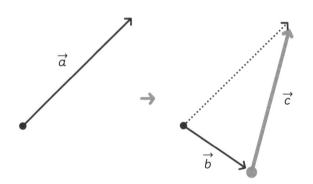

是有人說「就把這個稱為向量分解」對吧。

不愧是我的一號弟子，越來越機靈了呢（笑）。其實就是剛才提過的合成的相反，稱為分解。若是翻開學校課本就會突然冒出「向量的合成／分解」這個單元，讓大家感到驚慌失措，但實際上並不困難。

➡ 試著挑戰向量的乘法

加法、減法和分解，都還只是熱身操。從現在開始要集中注意力，進行向量彼此間的乘法，這個稱為「內積」。

會突然變很難嗎？

一點點而已。若重新來看向量的加法和減法，當時只有考慮到箭頭的方向，完全都沒有考慮「大小」對吧。

啊，這麼一說確實如此。

但是乘法的話是行不通的。$\vec{a}$ 與 $\vec{b}$ 相乘會變成怎樣呢？一旦了解的話，高中向量就上完了。

首先，向量彼此間乘法的寫法很特殊，**會使用「‧」記號**。像「$\vec{a} \times \vec{b}$」的「×」，但不能省略成「$\vec{a}\ \vec{b}$」

那也是某人想到的嗎？開始覺得有點麻煩了。

其實向量彼此間的乘法若寫成「×」，會變成是「外積」的意思了。感覺好像難度突然增加三個等級啊。

外積和內積是不同的，對吧。話說「內積」這個詞彙，好像依稀有印象……。

我們這次就專注在向量彼此間的乘法「內積」上。

重點 在這裡！〈內積〉

高中所學的向量彼此相乘稱為內積，以「‧」標記。

好的。

這裡要導入一個新的記號。在向量兩側寫上兩條直線，這個稱為絕對值記號，是告訴我們向量大小的魔法記號。

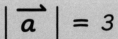

$$|\vec{a}| = 3$$

在談平均的時候有提到呢。

對。這個絕對值記號，能讓方向的資訊消失，只取出大小。

變成現實中表示大小的純量嗎？

漂亮！將表示抽象關係的**向量純量化（回到現實世界）**的正是絕對值記號。

如果 $|\vec{a}|$ 是 3，$|\vec{b}|$ 是 2，單純地思考的話，會希望它們相乘 3×2 等於 6 不是嗎？

於是有個人這樣想了。「如果兩個向量的方向相同，單純相乘不就好了嗎？」所以 $\vec{a}$ 與 $\vec{b}$ 相乘，答案是 6 這個純量。

$$|\vec{a}| = 3 \qquad |\vec{b}| = 2$$

$$\vec{a} \cdot \vec{b} = 3 \times 2 = 6$$

這很容易懂呢。

是吧。所以這就順其自然被採用並約定俗成了。但是如果 $\vec{a}$ 和 $\vec{b}$ 的方向稍有不同的話，就不是那麼單純的事了。

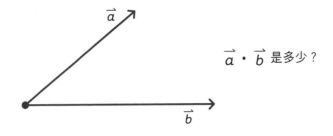

$\vec{a} \cdot \vec{b}$ 是多少？

於是從前頭腦很好的人把焦點著重在「分解」。向量分解的方法有無限多，最簡單的形式就是如下圖般以 $\vec{b}$ 為基準，將 $\vec{a}$ 分解為 $\vec{p}$ 與 $\vec{q}$。

分解的方法也希望盡量簡單，$\vec{p}$ 與 $\vec{b}$ 是同向，$\vec{q}$ 是與 $\vec{b}$ 和 $\vec{p}$ 垂直相交。順帶一提，垂直相交稱為「直交」。

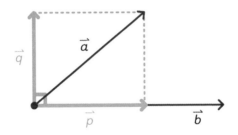

 不是「直行」而是「正交」啊？我還是第一次聽到。

 這裡有一個內積的獨特規定。「正交的向量內積是零」，也是以前的學者定下的規則。

$$\vec{p} \cdot \vec{q} = 0$$

正交的向量內積是 0！

等、等一下。

如果按照我的作法，會在這邊說「那麼我們現在來證明吧」，但這個規定無法證明，是「偶然使用了那樣的規則，而沒有出現矛盾」的類型。當然，經常會有「是怎麼決定的？」這種疑問，就算用別的方法來決定，只要不會產生矛盾當然就沒關係。然而這個方法能符合所有的原則，所以非常剛好呢。

滴水不漏，讓人無法吐槽呢（笑）。

順便說一下，若同學間聽到「我跟你是正交」這種對話的，肯定是理組人，是指「讓人毫無交集地絕望」的意思。

因為是零對吧（笑）。

那麼，現在再次說明內積的兩個規定。

其中一個是「若為同向的向量，使其變為純量來相乘即可。」另 1 個則是「正交的向量內積必定是零。」如此。

在那之上，整理 $\vec{a}$ 與 $\vec{b}$ 的乘法，會是以下這樣。

$$\vec{a}\cdot\vec{b} = (\vec{p}+\vec{q})\cdot\vec{b}$$

將 $\vec{a}$ 分解後的產物

$$= \vec{p}\cdot\vec{b} + \vec{q}\cdot\vec{b}$$

同方向　　直交（變成 0）

$$= |\vec{p}||\vec{b}|$$

最後剩下的，是 $|\vec{p}|$ 與 $|\vec{b}|$ 的乘法。但是不知道 $|\vec{p}|$ 對吧。

 因為只是假設是 $|\vec{p}|$ 嘛。

 這時請回想一下三角比的課程。專注在 $\vec{a}$ 、 $\vec{p}$ 、 $\vec{q}$ 的這三個向量，會形成直角三角形對吧。

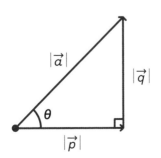

咦？！對。

 如果 $\vec{a}$ 和 $\vec{p}$ 的夾角為 θ，θ 為銳角，$\vec{p}$ 的大小能以 θ 來表示。

你記得這邊是用到哪個三角比嗎？

 畫斜邊後的底邊是英文的 c……
是 cos！

 漂亮的回答！先寫的是分母，「$\vec{a}$ 的大小分之 $\vec{p}$ 的大小」。這就是 $\cos\theta$。因為只是想知道大小，所以使用絕對值書寫式子，會是這樣。

$$\frac{|\vec{p}|}{|\vec{a}|} = \cos\theta$$

現在是想知道 $|\vec{p}|$ 的值，所以把兩邊都乘上 $|\vec{a}|$。

$$\frac{|\vec{p}|}{|\vec{a}|} = \cos\theta$$
$$|\vec{p}| = |\vec{a}|\cos\theta$$

這個式子以剛才的 $|\vec{p}|$ $|\vec{b}|$ 帶入，

$$\vec{a} \cdot \vec{b} = |\vec{p}||\vec{b}|$$

替換為 $\cos\theta |\vec{a}|$

$$= |\vec{a}||\vec{b}|\cos\theta$$

$$\vec{a} \cdot \vec{b} = ab\cos\theta$$

這就是 $\vec{a}$ 與 $\vec{b}$ 的內積定義。很乾淨俐落吧。

咦？但是絕對值的記號消失了。

啊，小寫的 a 也能表示純量的大小，這樣是 OK 的。也就是表示為 $|\vec{a}|$ =a，$|\vec{b}|$ =b。然後，ab 只要單純相乘所以 ab＝ba。
所以也可以知道 $\vec{a} \cdot \vec{b} = \vec{b} \cdot \vec{a}$。
以上就是向量彼此相乘的內積。

靠「向量」秒殺餘弦定理！

掌握了向量的基本功，為了可以切實感受向量魔法般的威力，我們這裡就用向量來證明一下餘弦定理吧。

⇨ 使用向量瞬間導出餘弦定理！

最後，要**瞬間**結束掉今日目標「證明餘弦定理」。

話說，老師。您在課程的開頭說過，向量是以代數處理幾何問題的「魔法武器」，到目前感覺只是「拼圖遊戲的延伸」，沒有您說的那種神奇的感覺。

呵呵呵⋯⋯**現在開始會讓你實際感受一下。**
掌握向量的概念需要拼圖般的感覺，只要使用今天記住的東西，任何圖形都能用式子處理了。

首先，畫出由邊 a、b、c 組成的三角形，而 a 與 b 的對角是 θ，其邊長也和邊長名稱相同，各為 a、b、c。

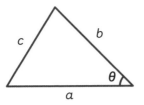

不知道向量的高中生會在這裡畫一堆輔助線來計算，不過學過向量的人就不一樣了。

看到這個三角形，第 1 步就是把三邊變成向量。具體來說就是決定起點和終點，起點塗個圓點，終點畫上箭頭，而哪裡是起點可以自由決定。

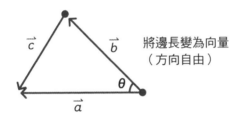

將邊長變為向量
（方向自由）

好。

第 2 步，用式子表示剛才擅自決定的向量位置關係，在這邊代數化。如果是用我畫的圖，式子會變成這樣。

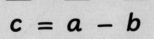

$$\vec{c} = \vec{a} - \vec{b}$$

一下就寫出來了呢。

能夠一下就寫出式子，就是向量的過人之處。當然在熟練之前，要透過尋找某點到某點的兩條路線概念來思考。

兩條？

對。若起點與終點的相同路徑有兩條，就能以「＝」表示，對嗎？那是向量和的定義。能以「＝」相連就是能成立式子的意思。

比如說左邊決定為 $\vec{c}$ 的路徑，右邊可以想成是同樣起點與終點的別條特別路徑。這次我擅自決定將 $\vec{b}$ 變換為負的，加上 $\vec{a}$ 的話似乎就能順利。

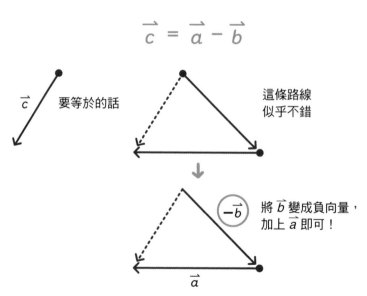

$$\vec{c} = \vec{a} - \vec{b}$$

$\vec{c}$　要等於的話

這條路線
似乎不錯

將 $\vec{b}$ 變成負向量，
加上 $\vec{a}$ 即可！

$-\vec{b}$

$\vec{a}$

啊啊，原來如此。

是像這樣列出式子的。

 有趣耶。來做適合小學生學習的向量加法和減法拼圖遊戲賺錢好了……（笑）。

 我可以擔任審訂者嘞（笑）。先別開玩笑了，式子成立後的**第 3 步是兩邊平方**，也就是計算內積。

$$\vec{c} \cdot \vec{c} = (\vec{a} - \vec{b}) \cdot (\vec{a} - \vec{b})$$
$$或是$$
$$|\vec{c}|^2 = |\vec{a} - \vec{b}|^2$$

 為什麼突然要平方？

 我們要導出的餘弦定理，是表示邊長的關係式對吧。不僅是餘弦定理，幾乎任何的幾何問題，我們想要知道的都不是「關係式」，而是實際的「長度」或「角度」等純量。

但現在的式子只是「向量的關係式」。雖然式子很容易就列出來，但在某個時間點**不純量化回到現實世界的話，依然是很抽象的**。將長度做成關係式最簡單的方法，就是向量平方計算內積。

 不能加上絕對值的符號嗎？

那樣也是可以，不過對展開式子沒有幫助呢。

無論如何，還是希望將存在於現實的「長度」「角度」純量化。為此，平方是個迅速的方法。因為兩邊都平方的話，不會破壞關係，也能變成純量這種具體的數字。

這樣啊。

所以，無論以向量解哪種圖形問題，總是會選擇平方來讓它們純量化。

順便說一下，剛才提到乘法時忘了說，**向量的平方與「同方向的向量乘法」是一樣的，只要單純平方即可。**

那麼我要一口氣導出餘弦定理。

$$|\vec{c}|^2 = |\vec{a}-\vec{b}|^2$$
$$= \vec{a}\cdot\vec{a} - \vec{a}\cdot\vec{b} - \vec{b}\cdot\vec{a} + \vec{b}\cdot\vec{b}$$

可以整合

$$= |\vec{a}|^2 - 2\underset{abcos\theta}{\underline{\vec{a}\cdot\vec{b}}} + |\vec{b}|^2$$

$$\boxed{c^2 = a^2 - 2ab\cos\theta + b^2}$$

餘弦定理

呼。手痠了（笑）。餘弦定理可以如此俐落地導出，甚至一條輔助線都不需要畫。不覺得超厲害的嗎？

 大概吧……。

 使用向量的話，不論是五角形、八角形，若有未知的邊長，只要幾行工夫答案就出來了。要做的動作也和剛才的 3 個步驟一樣。

1. 以向量重新表示圖形。
   ↓
2. 想求的邊（以向量的狀態）放在左邊，尋找起點與終點相同的別條路線放在右邊。意即列成式子。
   ↓
3. 為了純量化，將兩邊都平方。

這 3 個步驟基本上不會改變。

 啊啊！雖然不容易列出未知邊長彼此的關係式，但是一旦變成向量，雖然抽象，式子卻能迅速成立！

 就是那樣！所謂數學，在列出式子之前是勝負關鍵，若使用向量，就有容易成立式子的絕對優勢。一旦式子成立後平方回到純量，就能求出未知的邊長。雖說 cos 也算是未知數，但實際上按按函數計算機就能得到數字了。

而且呢，需要將所有的邊長都向量化的情況不多，大多只要將外圍的邊長向量化就 OK 了。這麼說是因為，裡面麻煩的對角線多能以向量的和來表示。

⇨ 不論幾次元都能處理的向量

 是～喔～～。那麼也能用在圓嗎？

 這個呢……其實……是可以的！圓的向量，在「大小」填入半徑，「方向」會是全方位。半徑是 1 的圓若以向量表示，是「$|\vec{r}|=1$」，一行就能寫好。

圓的方程式 　$|\vec{r}|=1$

 立體會怎樣呢？雖然立體也是圖形。

 三次元也可以！因為有起點和終點，方向是確定的，箭頭的長度也能表示大小，所以就算是立體的，思考方式也不變。

 三次元的話會增加 z 軸，感覺資訊量也會增加的說……。

當進行箭頭的拼圖遊戲時，的確是不得不考慮 z 軸。不過，若只考慮兩個向量的位置關係，夾角只會有一個啊。即使它在空間中虛無縹緲，看 2 個向量時，是以「面」來考慮的不是嗎？

啊～～。

所以不論是空間還是平面，向量的用法都不變。空間幾何問題處理起來真的不容易，但若使用向量就能輕鬆解開。

向量在處理圖形上真的太好用了！抽象化後以向量計算，為了現實能使用又變回純量呀……。人類的大腦真的是太～厲害了。

同時擁有兩個資訊的符號相當罕見，要說它是高級概念，也的確配得上。

向量在老師專業領域的「壅塞學」也會用到嗎？

 當然。塞車完全就是在說大小和方向，車啊、人啊全部都向量化表示，而且還要再微分。所以，若沒有向量和微分，壅塞學就無法成立了。

 把向量微分！！？？（慘了球飛過來了……汗）

 雖然有點困難，不過在大學會學到「向量的微分方程式」這個東西。

 老師（一臉極為陶醉地）說過「微分積分」是人類寶藏，和這次的「向量」，連結起來了……！！覺得好感動啊。不過那個課程就先不用麻煩了……（小聲）。

 我的專業領域「壅塞學」，剛好是結合這兩個領域的學問。

牛頓建立的「將位置向量微分就變成速度向量，速度向量微分就變成加速度向量」法則，將知識總動員成立式子、預測動向，有助於解決議題。

或許對文組的人來說的確是無法想像的世界……但國高中學到的數學知識是一切的基礎，往後能邊組合邊研究。
即使難以全部了解，不過能傳達出一些些值得敬佩的氣氛就讓人很欣慰了。

這次「**向量好用到不行**」的目的，在課程中已充分瞭解到了。老師，您果然是神呀……！（淚）

少年來了！（上篇）

第
6
天

Nishinari
LABO

特別課程②
用「微積分」
預測未來！

人類的寶物！
了解微分積分

數學三大領域之一的「分析」，原意為「微分積分」的意思，聽起來很遙遠，其實在生活中活用微分積分的社會人士還不少。最後的課程，西成老師將會為我們解說這個強大的武器。

▷ 微分積分與函數的關係

最後一天呢，要來說人類挖掘到的寶藏「微分積分」（陶醉♡）……有沒有期待又興奮的感覺？

哎呀～回想起來才發現原來走這麼遠了……♪ 高中的時候被數學襲擊得體無完膚，老實說本來想要「假裝聽懂後回家」的，不過竟然連特別課程都讓人欲罷不能，非常感動啊……！

了不起！聽你這麼說，我也獲得了不少力量♡分析的課程中提到 4 個函數，其中真正的大魔王是微分積分。

國中版也有稍微提到微分積分的概念呢。
記得好像是……假設要調查水池的面積，以 $1m^2$ 的板子鋪在水面上，計算有幾片來測量面積，但因為池邊彎彎曲曲的，所以無法測量。

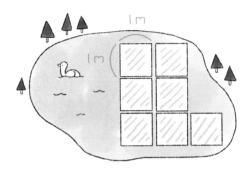

但是，如果將那些板子極小化的話，就能準確測量了，是這樣的內容吧。

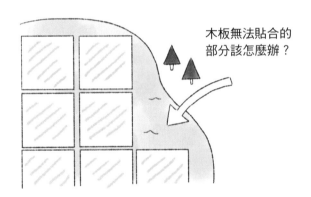

木板無法貼合的
部分該怎麼辦？

是的。要測量目標時，將量尺縮小，把被測物「細分後測量」就是微分；而將那個結果「重新相加」的是積分。

如果有了這樣的印象，高中文組數學就上完了。
然而，在國中版說明過微分，但積分省略了相當多的部分，我想，這次我們得到代數跟級數這個裝備了，就把積分再稍微講解得深入一些吧～。

今天談的內容是超越了文組數學的範疇，不過微分積分是「人類之寶」，學會了絕不會吃虧的！！！（斷然）

今天的主題是「三角形面積」

 那麼，馬上進入主題吧。先暖身一下，從小學的題目開始。

 放馬過來吧！！！

 這裡有個等腰直角三角形，底邊與高是 1。那麼三角形面積會是多少？

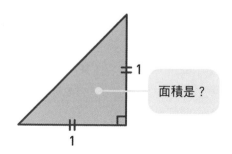

面積是？

嗯……因為是「底×高÷2」……是 1 的一半，$\frac{1}{2}$。

 完全正確！這個「$\frac{1}{2}$」呢，就是今天的主題。

 欸？？？（不是理所當然的嗎……）

 為什麼會是 $\frac{1}{2}$，我們看圖會更一目了然。下圖是邊長為 1 的正方形，從對角線對摺後，面積會變成一半，就是 $\frac{1}{2}$。雖然你一臉「蛤？那不是理所當然的嗎？」（笑），但其實那個概念非常重要。

正方形的面積是「邊長 1×邊長 1」，任誰都能算出來對吧？把它對摺後，面積會變成一半，這也很容易理解。

那麼，接下來的問題是，
連接對角的線若畫成「拋物線」的話呢？
會是這樣。

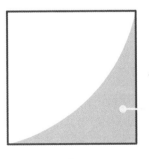

面積是？

嗚嗚⋯⋯到剛剛都還是軟式棒球,突然就飛來職棒級的球的感覺⋯⋯(淚)。

突然變得很複雜對吧～。國中生解不開,高中生一定也會倒抽一口氣的。**大人還會以「沒啦,數學那種東西⋯⋯平常又不會用到。你說是吧?」作為藉口邊逃走**(笑)。

其實這個拋物線,是一個叫做「$y = x^2$」,也就是最單純的二次函數,「正方形從這個二次函數切下一部分時,那部分的面積會是正方形的 $\dfrac{1}{3}$」。有這樣了不起的公式唷～♪

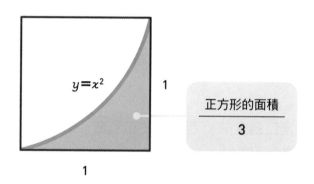

咦～,是不是覺得我聽不懂就隨便講講?

⋯⋯這公式漂亮到讓人想懷疑的地步對吧。
不過,這個公式正確無誤。
這邊呢,要請你重新關注剛才的等腰直角三角形。這個三角形放在座標上的話,斜邊能以「$y = x$」這個一次函數來表示。

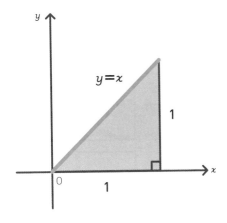

也就是說若以一次函數切下正方形，剩下的三角形面積會是

正方形的 $\frac{1}{2}$。

 喔喔！還在想「不過是個圖形問題嘛」，突然就飛進座標和圖形的世界，我好驚訝。

 是吧？像這樣「越界」發揮數學本事，活用函數來處理幾何問題，最後連分析、代數的知識都派上用場，很厲害吧。

 讓人稍微有點期待了。

 好的。一定有人在這邊「耶？」產生疑問。

一次函數的話是 $\frac{1}{2}$。二次函數的時候是 $\frac{1}{3}$。欸，那麼，三次函數的時候難道是 $\frac{1}{4}$ 之類的嗎⋯⋯？

「那麼剛好的事」⋯⋯還真的有！那真的是正確解答，原因是 1 和 $\frac{1}{2}$，2 和 $\frac{1}{3}$ 這樣的關係是有「積分」在背後支撐的♡

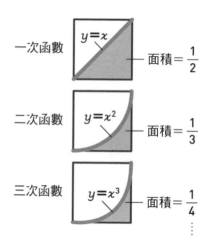

一次函數 $y=x$ —— 面積 $=\dfrac{1}{2}$

二次函數 $y=x^2$ —— 面積 $=\dfrac{1}{3}$

三次函數 $y=x^3$ —— 面積 $=\dfrac{1}{4}$

$\vdots$

⇨ 牛頓 VS. 萊布尼茲的仁義之戰

 完整證明出這個觀念的是德國數學家萊布尼茲。不過是由同時代的英國人牛頓建立出大致的概念，並由萊布尼茲將它完成。

這個，就是非常善於活用數學的偉人們。

 牛頓是萬有引力的那位……是物理學家吧？

 他也是發現微分積分法的人。所以啦，要說是誰創造微分積分，在數學界會分為兩派爭論。不只如此呢，**英國和德國到現在都還在舉國（？）爭論中**。牛頓 VS 萊布尼茲。光是這就可以拍成壯觀的電影（笑）。

 將近 300 年的爭論啊……（汗）。

很有度量嘛！

有意見嗎？

艾薩克·牛頓
Isaac Newton
（1643－1727）

哥特佛萊德·萊布尼茲
Gottfried Leibniz
（1646－1716）

 想到背後有一場混戰，與之相對照，**這是多麼乾淨漂亮的公式呀⋯⋯！**（感動落淚）

雖然高中只有高三的理組生要學，但卻是非常重要的內容。

 是，是。

 今天的課程呢，我打算使用「一次函數」來說明這個公式！

⇨ 怎麼區分最合適？

 重新來畫一個等腰直角三角形。

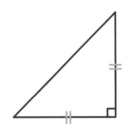

微分積分的基本概念是「將面積或長度細分,之後再加起來」。求三角形面積也一樣,雖然公式可以一下就算出來,其實也能用微分積分的概念來理解,透過**分割後加起來計算面積**。

是～喔～～,以微分積分算三角形面積呀。

國中版的時候大概有提到分割的部分,但省略了相加。**為什麼呢?因為相加的操作裡面有「級數和」這個代數的**關係。
這次我們已經先了解級數和了,所以可以無所畏懼地打開積分世界的大門了。

那麼該怎麼分割三角形才好呢? 如果隨便分的話,肯定會不知道在算什麼,所以**必須有規則的進行分割**,能理解吧?

規則分割

這樣嗎?

隱隱約約可以。

據說最先想到這個規則的是牛頓。

這本書，記載著牛頓是世界上最早介紹微分積分的人（嘿咻！）。

超大本的！ 書名是錢德拉塞卡的《自然哲學之數學原理》？還有價格……竟然要 1 萬 2000 日圓！？

錢德拉塞卡是得過諾貝爾獎的物理學者。 這本書是由他解說牛頓的著作《自然哲學的數學原理》。哎呀，不過因為太厚了，幾乎所有的教授都把它作為研究室的裝飾啦（笑）。

東大的老師也會「買來擺著」呀（笑）。

是啊。想說老了之後要讀才買的，卻總是落入被研討會的學生「借為己有」的模式（笑）。

話說，在那當中有記載微分積分的方法。唔，我看看……在這裡。

哇嗚……畫出像樣的圖形了耶～。

 微分積分是像這樣來到世上的。
萊布尼茲啦、其他還有像李昂哈德・歐拉等學者將它精簡後，變化成用途更廣的武器。

 原來如此……是說，除了開頭以外，我一句也聽不懂（淚）。

 寫出來的話其實很簡單「想求面積時，將之切成等間隔的細長條狀，各自求其面積，最後再相加起來」這樣的內容。

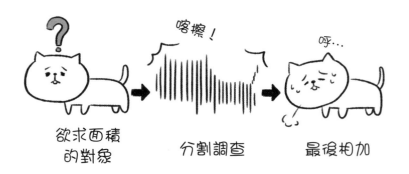

欲求面積　　分割調查　　最後相加
的對象

這裡，正是在提倡「微分積分概念」。

 啊啊，如果之前水池的例子是用正方形板子，實際上在算微分積分時，會使用細長的板子，對吧？

對對。因為那是最簡單的形狀不是嗎？
但是牛頓想的不只是那樣。比方說三角形分成細長條狀，但每一長條狀並不是完整的長方形。

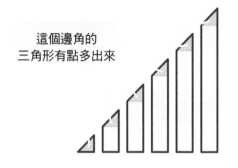

這個邊角的
三角形有點多出來

有多出一些小小的三角形呢……。

對吧。這裡是牛頓偉大的地方，「**切片越變越細的話，三角形的面積也會變得超級小**，所以可大膽忽略！直接當作它是完整長方形就可以了！」

哎呀，那個人，真不是等閒之輩（笑）。

就是差不多主義。不過，就是好在這個「大概大概」。為什麼呢？若把長條狀當作長方形來思考，不論斜邊是直線或曲線都沒有關係了。如果為了正確地測量面積將三角形切片，就必須仔細計算梯形的面積，即使算出來了，若遇到剛才看到的拋物線切割，還是很難算啊。

這樣啊。

 這裡有個天才的發想。
像一般人一樣，努力計算面積，一輩子，都不會出現答案。

當把細條狀看作長方形來思考時，會發現「稍微縮小點看呢？」「稍微放大點看呢？」的差別對吧？像這樣的感覺。

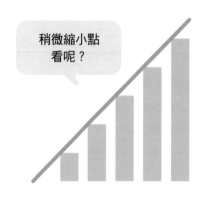

or

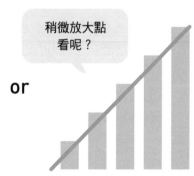

對。

苦惱的牛頓

放大點看？
縮小點看？

 其實不論何者，最後結果都是一樣的。
這也是微分積分的了不起之處

➡️ **用微積分計算三角形的面積！**

 等腰直角三角形的底與高設為 a。如此面積是 $a \times a \times \dfrac{1}{2}$。寫得像數學一點的話就是 $\dfrac{a^2}{2}$。乍看很唬人，實際上是小學生程度。

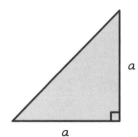

a

面積＝$\dfrac{a^2}{2}$

a

接下來，我想用微積分導出三角形面積，第 1 步，是將這個像是浮在空中的圖形，用力地埋入座標軸裡。

這個三角形是什麼一次函數對吧？

是的。三角形的底在 x 軸上，斜邊在直線 $y=x$ 上，高在直線 $x=a$ 上。

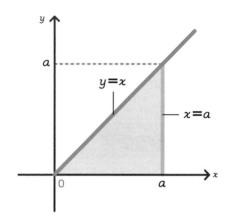

好的，這樣素材都準備好了，總之將這個三角形切成三等分長條狀吧。一等分的寬度會是多少？

因為是 a 的 $\frac{1}{3}$，所以是 $\frac{a}{3}$？

對。所以 x 軸可以分成「從 0 到 $\frac{a}{3}$」「從 $\frac{a}{3}$ 到 $\frac{2a}{3}$」「從 $\frac{2a}{3}$ 到 a」3 個點。

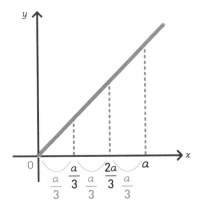

 在各自的長條狀中，找出長方形吧。長方形的左上端會與 y $=x$ 相連，而最左邊的那條無法切出長方形。中間的長方形高度是 $\frac{a}{3}$，最右邊的長方形高度是 $\frac{2a}{3}$。到這邊並不難吧。

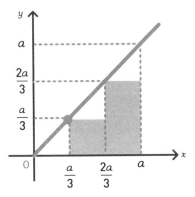

 對。

 那麼試算這兩個長方形的面積後相加吧。像這樣把分割的東西相加，就稱為「和」。

$$\frac{a}{3} \times \frac{a}{3} + \frac{a}{3} \times \frac{2a}{3}$$

$$= \frac{a^2}{9} + \frac{2a^2}{9}$$

$$= \frac{3a^2}{9}$$

$$= \frac{a^2}{3}$$

 分母是 3 啊。真可惜（笑）。

 很可惜吼。正解的分母應該是要 2，但是卻變成 3。這個誤差在所難免，是切成細長條時捨去的三角形部分。

那麼該怎麼做呢？在這裡牛頓發現了這點。三等分算是粗略的，如果 100 等分、1000 等分……不，無限分割的話，面積不就會是相同的嗎？
這大概是人類所能想出最頂尖的想法了。

 什麼無限大啦、抽象化啦都你在說……。

 但是那能用來處理抽象的數學。方法很簡單，這邊也使用符號假設成「做成 n 等分」即可。如此一來，每個長條狀的底，可以用 $\frac{1}{n}$ 表示寬度對吧？

實際上將三角形切細長條吧。最一開始的長條狀的 $x = \dfrac{a}{n}$，再來是 $x = \dfrac{2a}{n}$，然後是 $x = \dfrac{3a}{n}$，這會持續下去。因為想表示最後長條狀的 x 值，了解嗎？

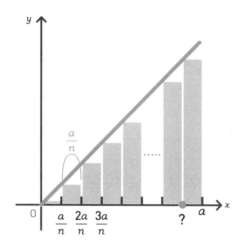

 呃，我的頭開始……。

 或許有點困難，不過只要回想級數的課程就不難了。當不知道規則連續的級數是多少，實際上寫出簡單的例子就可以了。

 之前的確是那樣說。

 比方說要分成 5 等分，必須將 x 軸的 0 到 a 之間切成 4 區，如此值會是多少？

 $\dfrac{a}{5}$、$\dfrac{2a}{5}$、$\dfrac{3a}{5}$、$\dfrac{4a}{5}$。

是的。最後的區塊是「$\dfrac{4a}{5}$ 到 a」。也就是說，**如果分成 n**

等分，會是 $\dfrac{(n-1)a}{n}$。

原來如此。

這樣 x 值就定下來了，現在要來看「長條狀的面積和」。因為是 $y=x$ 這個函數，高度 y 與 x 相同。也就是說面積和可以表示如下。

$$\frac{a}{n}\times\frac{a}{n}+\frac{a}{n}\times\frac{2a}{n}+\frac{a}{n}\times\frac{3a}{n}+\cdots\cdots+\frac{a}{n}\times\frac{(n-1)a}{n}$$

這樣事前準備就完成了。不過留著中間點點點的狀態，雙眼直視也不會有所進展，所以要改變一下式子。

馬上發現的是，因為底邊長度相同，所以所有長條狀面積有

個共同項 $\dfrac{a}{n}$，這時可以試著括號起來，這是國中學到的因式

分解喲。如此一來式子就變成這樣。

$$\frac{a}{n}\left[\frac{a}{n}+\frac{2a}{n}+\frac{3a}{n}+\cdots\cdots+\frac{(n-1)a}{n}\right]$$

好的，再來仔細看括號起來的部分，也還有共同項。

嗯嗯……啊，是 $\dfrac{a}{n}$？

沒錯！所以也把它括號起來，放到括號外面吧。

$$\frac{a^2}{n^2}\left[1+2+3+\cdots\cdots+(n-1)\right]$$

如此一來括號中就變得超清爽的。而且，$1+2+3+\cdots\cdots+$（$n-1$）好像在哪裡看過呢。

公差是 1 的等差級數！

對。代數的知識在這裡連結起來了。

複習一下，等差級數和的求法是「倒序後相加」，是高斯同學教我們的，實際上只要加上級數的頭和尾即可。這樣一來就是 $1+n-1$ 所以是 n。而總共有 $n-1$ 組個 n，也就是2組份的數列和是 $n(n-1)$，所以最後把它除以 2 即可。

$$
\begin{array}{ccccccc}
1 & + & 2 & + & 3 & +\cdots\cdots+ & n-1 \\
+\,n-1 & + & n-2 & + & n-3 & +\cdots\cdots+ & 1 \\
\hline
n & + & n & + & n & +\cdots\cdots+ & n
\end{array}
$$

上下相加得到 n

$\dfrac{n(n-1)}{2}$ ← 有 $n-1$ 組

← 上列級數為 2 組份，所以除以 2。

這樣（1＋2＋3＋……＋$n-1$）這個式子，就能夠不用點點點來表現了，把它放入原本的式子吧。

$$\frac{a^2}{n^2}\{1+2+3+\cdots+(n-1)\}$$
$$\downarrow$$
$$=\frac{a^2}{n^2}\times\frac{n(n-1)}{2}$$

這裡是重點。**請把 n 想成是極大值，聚焦在** $\dfrac{n(n-1)}{2}$ 的部分。

 （盯著瞧）……**什麼都沒看到。**

 喂（笑）。比方說 n 是 100 億，$n-1$ 就是 99 億 9999 萬 9999。這幾乎是 100 億不是嗎？擁有 100 億資產的富翁，減少 1 日圓也沒什麼太大變化。

 確實。

 既然如此，$n-1$ 也可以視為是 n 啦！也就是牛頓（或萊布尼茲）超絕妙又劃時代的「大概大概」想法。

$$= \frac{a^2}{n^2} \times \boxed{\frac{n(n-1)}{2}}$$

欸嘿！

$$\rightarrow \frac{a^2}{n^2} \times \frac{n^2}{2}$$

n 若是極大值，
可忽視 1 的誤差
↓
想成 n^2！

$$= \frac{a^2}{2}$$

將 $n-1$ 視為 n 的話，x 的右邊就變成 $\frac{n^2}{2}$。如此就被式子左

邊的分母 n^2 相消。這樣剩下的就是 $\frac{a^2}{2}$。很厲害不是嗎！

 剛才在說什麼啊？

 （綜藝摔）⋯⋯不使用幾何公式，而是用微分積

分導出了三角形的面積，$\frac{n^2}{2}$。

 啊，是那麼回事啊！好強。

 於是，即使是二次函數切下來的面積也能比照辦理，雖然省

略計算過程，實際上來算會變成 $\frac{n^2}{3}$，三次函數就是 $\frac{n^2}{4}$。

 是～喔～～。是說，能用一次函數理解積分讓我大受衝

擊。

畢竟，微分積分本來就能用在任何函數，當然也包含一次函數喲，沒有限定二次函數以上才能使用的道理。

也就是說，若在國中學了級數和的計算方法，微分積分對國中生來說也能游刃有餘，相信也能遏止大家的數學恐懼。實際上你也看到了，完全沒有任何困難的計算。

嗯嗯。

稍微有難度的只是概念而已。
學習微分積分最重要的是理解「極限」。也就是說，**當對象越大時，**是否能想到**忽略細微變化即可。**

不要執著在「就是不一樣啊」的細節，而是是否能夠以宇宙的規模思考。如果問小朋友「500－1」是多少，孩子的答案是「幾乎是 500」的話，老師們肯定會想獎勵那個孩子。**畢竟，那個想法改變了世界啊！！！**

老師你亂興奮一把的……（笑）。

失態了，失態了。不過那真的是讓人感動的發想，也帶給現代文明很大的衝擊。

也就是說，在那之前都沒辦法測量出曲線物品的面積嗎？

沒辦法。只能測量出三角形、四邊形組合的「接近值」，無法正確測量。

是～喔～～。

來認識微分積分的符號

再來就是談到約定好的符號。如同面積一般，積分後的結果多半以「S＝」來標記，是指「SUM」的意思。那麼該如何以文字表示要積分什麼，於是出現了微積分的「特別符號」。

是拉得長長的那個嗎？

對。使用縱向拉長 S 的「**Integral 記號**」，稱之為積分記號。

在使用 Integral 記號時，右邊必定帶有 dx，這是固定組合，所以沒必要苦思「什麼是 *dx*？是指現在商務界流行的電子 transfomation 嗎？」
Integral 記號和 *dx* 都像是三明治使用的麵包，重點的餡料，是寫在中間的函數。

若想求被「$y=x$」這個一次函數，就在中間寫「x」；若是 $y=2x^2+3x+1$ 這個二次函數，就寫 $2x^2+3x+1$。

 嗯嗯。

 再來就是指定 x 軸的範圍。若不指定範圍，就無法知道是要算哪區的面積啦。這個 x 的可能值，在 integral 的右下寫上起點，右上寫上終點。若是剛才的三角形，x 是 0 到 a 之間。最終會是這樣。

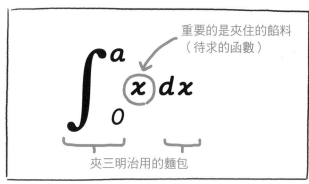

重要的是夾住的餡料
（待求的函數）

$$\int_0^a x\, dx$$

夾三明治用的麵包

會是這樣

 但～是，哎呀，這也是寫得很複雜呢……。

 要抱怨請跟圖右創造這記號的萊布尼茲講（笑）。不過，不覺得它有點可愛嗎？

此人

啥款？

一點都不可愛好嗎（笑），腦中浮現了「啊啊，長條狀相加的結果」的畫面。

 那樣就很足夠了！

定積分的式子

$$\int_0^a x\,dx = \frac{a^2}{2}$$

$$\int_0^a x^2\,dx = \frac{a^3}{3}$$

$$\int_0^a x^3\,dx = \frac{a^4}{4}$$

$$\int_0^a x^n\,dx = \frac{a^{n+1}}{n+1}$$

會是這樣

剛才證明面積是 $\frac{a^2}{2}$ 的公式稱為定積分公式。

此外還有指數函數、對數函數、三角函數等各種函數的積分公式，所以理組的高中生才要使出渾身解術地硬背。

沒有聽過課的學生們原本有「不懂三角函數在幹嘛」「log 到底是什麼啦」的感覺，但與微分積分課程重逢後總會大吃一驚。

 原來如此。難怪文組的學生才會在微分積分的概念跌一大跤。

 就是那樣。不過，重要的還是「概念」。

咦？之前說微分是怎麼寫的？在國中版應該是有上過的，卻想不起來……

 因為在國中版已經上過了，這次就略過啦，就只列出式子。微分是這樣。

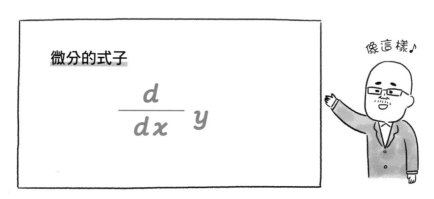

微分的式子

$$\frac{d}{dx}\,y$$

像這樣♪

雖然有點難記，左邊的 $\frac{d}{dx}$ 是一組微分記號。然後右邊放入的 y 是 x 的函數。

 那麼只要知道面積，套入這個式子就能導出函數嗎？

 是的。這次的面積是 $\frac{x^2}{2}$（※將 a 以 x 替換）。這個要微分的話，「右肩的 2」降下和分母相消後會剩下「x」，如此就能求出 $y＝x$～。實際上在導出各式的函數時，與積分公式相同。

依據處理的函數公式五花八門，這次的課程只要能想到「**這種公式有很多，需要的時候只要 google 就可以了**」。

300

少年來了！（下篇）

用 Excel 預測未來！

對商業人士來說如臨大敵的「數據分析」，若暸解微分積分的概念，就一點也不難！最後的課程，就仔細聽聽數學在生活中如何派上用場吧。

➡ 現代人就用 Excel 預測未來

 商務界裡通常是什麼時候會用到微分積分呢？

 我自己本身也常用，微分積分發揮作用的地方正是現在最夯的**數據分析**。從營業額、股價、到場人數等等，生活中有許多會隨著時間變動的數據對吧，以原有數據為基準，要預測未來狀況時就會派上微積分。

具體來說的話，雖然有好幾種方法，不過我們大多以 Excel 管理、羅列數據，以及畫出折線分析圖等。
這次，將介紹用函數預測圖表的方法。

你還記得微分積分最一開始的步驟嗎？

 置入坐標對吧。

對。用函數來表示，先放入坐標中吧。

 不過，會依時間變動的數據，畫成曲線應該會很曲折吧？要用函數表示那個豈不是難如登天？

 很敏銳嘛！若彎彎曲曲的地方很多，代表次方數會逐漸增高，也就是說不管是一個頂點的二次函數，或兩個極值點的三次函數都沒辦法用。這裡有個理工生才會學到的「**泰勒定理**」，其泰勒展開式的函數次方可以很高，且圖形和曲線在該點幾乎一致。

並且將 x、x^2、x^3 等稱為多項式，將數據變換為多項式，稱為適配。

 適配？聽起來像是服飾業的用詞。……啊啊，就像是配合體型製作衣服，依實際的圖形搭配函數的形狀，像這樣的意思？

 就是那麼回事。而且，**這項作業電腦會替我們處理**。不需要什麼超級電腦，大家都在使用的 Excel 也能做到適配。

 真的假的……。

 Excel 可是超聰明的呢。到六次函數時就有所謂「**追加多項式近似曲線**」的功能，應用到實際資訊，眨眼間就能幫忙畫出圖形的近似函數。

那麼，是次數越高，預測的精準度越高的意思嗎？

好問題。
當然，理論上，專家也認為次數高越可以提高精準度，但這裡在數學上卻具有「**次數越多、時間軸拉長，後期失真機率也越高**」的性質。

但是，如果因此將次數降低的話，因為數值會太接近現實情況、能參考的數據不多，而失去預測的意義。因此，這種有點矛盾又兩難的情況下，**使用函數分析數據的人可說是「平衡兩者」的專家，而我們最常見的應用就是透過** Excel。

⇨ 掌握 Excel 的使用方法！

我也可以試試看嗎？突然想要成為 Excel 達人（笑）。

好的。請從儲存格 A 開始往下隨意填 10 個左右的數字吧。

好的。那就……「80、100、130、120、60、120、70、100、80、60」。

寫好後，選取那 10 個儲存格（①），從功能欄中選擇「插入」（②），選擇「圖表」→「折線」（③）。

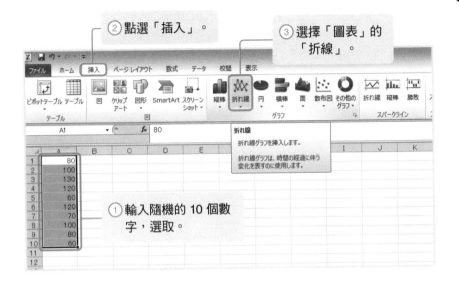

② 點選「插入」。

③ 選擇「圖表」的「折線」。

① 輸入隨機的 10 個數字，選取。

如此，這一批資料就會被圖形化。

哦。這個階段開始很陌生，很有趣耶（笑）。

這還在準備階段（笑）。然後，選取這個「圖表項目」，有個「趨勢線」的選項（順序④）。不是整張圖表背景哦，請選擇圖表中的折線。

如此一來，可以細選趨勢線選項中「多項式」的那個欄位（順序⑤）。

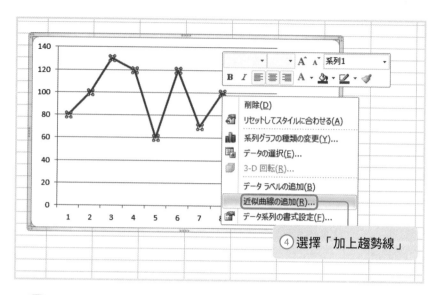

④ 選擇「加上趨勢線」

 出來了。啊，不過完全不像……。

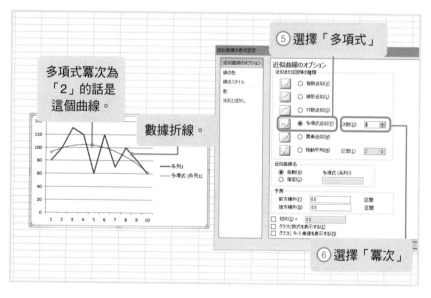

⑤ 選擇「多項式」

多項式冪次為「2」的話是這個曲線。

數據折線。

⑥ 選擇「冪次」

 因為預設是二次函數。請將「冪次」的數值往上按（⑥、⑦）。可以感受到逐漸接近原本彎曲圖形的感覺喲。

⑦ 次數逐漸上升，最多可為「6」。

「6 次」的曲線是長這樣。逐漸接近折線數據的形狀了！

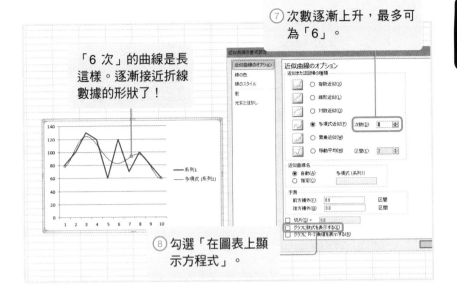

⑧ 勾選「在圖表上顯示方程式」。

 這就是多項式趨勢線。接下來，在下方的選項中，有個「在圖表上顯示方程式」的欄位，請勾選（⑧）。

 那個那個……是什麼鬼東西！！？

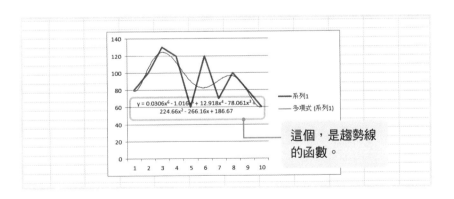

圖中方程式：

$$y = 0.0306x^6 - 1.016x^5 + 12.918x^4 - 78.061x^3 + 224.66x^2 - 266.16x + 186.67$$

這個，是趨勢線的函數。

$$y = 0.0306x^6 - 1.016x^5 + 12.918x^4 - 78.061x^3$$
$$+ 224.66x^2 - 266.16x + 186.67$$

 這就是 Excel 幫我們計算出的趨勢線函數，一個為六次函數的式子。列成式子的話，輸入 x 值 y 就會出來。

 啊，原來如此。

 趨勢線是反映出「過去」，若改變 x 值，就能初步預測未來的發展。

 厲害！Excel 還可以做到「代入 x 值，用 6 次函數算出 y 值」嗎？如果最後我們還要自己用計算機也有點掉漆……。

 很簡單喲。比方說：我們先在儲存格 C1 填入「1」，接著點選旁邊任意一個空白儲存格，將剛才的趨勢線函數式子複製、貼上到空白儲存格裡面，再稍微修改一下這個式子。
首先，把代表次方的數字反白選取後，到「字型」中勾選「上標」，就會變成縮小的指數形式。接著，將「x」改為儲存格代碼「C1」，再放入表示相乘的「*」，指數則以「^」表示，最後，刪掉「y」。像這樣（⑨）。

=0.0306*C1^6－1.016*C1^5＋12.918*C1^4
　－78.061*C1^3＋224.66*C1^2－266.16*C1^1＋186.67

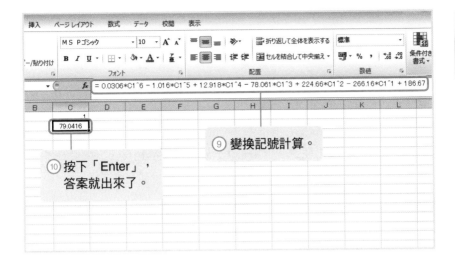

$$= 0.0306*C1^6 - 1.016*C1^5 + 12.918*C1^4 - 78.061*C1^3 + 224.66*C1^2 - 266.16*C1^1 + 186.67$$

1
79.0416

⑨ 變換記號計算。

⑩ 按下「Enter」，
答案就出來了。

出來了！79.0416（⑩）。

這是 $x=1$ 的近似曲線的值。鄉同學寫的是……看到 A1 的儲存格，是「80」呢。

很接近！ 那麼，試看看在 C1 輸入「11」，看看預測的結果吧……。257？不對不對，不可能。

那就是所謂的「暴走」。所以如果想要預測結果更貼近真實，x 要輸入「10.1」左右的數值，或是降低次方數才行。預測未來中最重要的是預測趨勢。曲線如果向上，股價似乎就會上揚，可以買進；如果往下，在股價下跌之前脫手就可以了。研究趨勢的工具之一，就是「微分」。

前面將三角形細分後再相加的內容，主要是在講積分呢。不過，會出現像 $y=x$，$y=x^2$ 這種函數的圖形對吧。

對。一旦決定函數後，就能知道微分後的**趨勢**，而我們會使用「數據的微分函數」這種用法，也代表「**微分函數＝趨勢**」。

 那個是投資人每天都在看的東西嗎？

 那是投資方法之一。**由過去數據的變動模式預測未來，稱為科學分析。**是任何機關的投資人都在做的。

尤其像外匯這種短期交易，買賣都在一瞬間的，就很適合用科學分析。

 比起預測一個月後的結果，**能知道 3 分鐘後的趨勢更好**是嗎？

 就是那樣。所以只參考固定的數據的時間軸寬度，每當股市變化的時刻，資料更新，逐漸適配多項式，這稱為**移動平均**，而移動平均大概能預測 3 分鐘後的狀況。

 原來是這麼回事！這是我出生後第一次理解要如何使用到微分積分。

 不過，有各種方式，例如 A 證券公司選擇將過去 1 天的分量適配 7 次，避險基金 B 則是將過去 3 天的分量以函數適配 5 次。這都是不可外流的最高商業機密。

他們堅持用電腦 24 小時在計算的，大概就是「期間與次方數的最佳組合」。

公司機密不外流是吧。什麼嘛。本來還想問老師，我們能用 Excel 獲得股票必勝法的說。

很遺憾。要預測交通流量的話我倒是很在行（笑）。

交通流量的話要怎麼使用？

將過去的交通流量累積的數據適配後，就能知道這個週末的交通狀況大概為何。像對飯店、航空公司或奧運組織委員會而言，瞬息萬變的狀況都攸關生死，所以「需求預測」就很重要了。另外也有營收管理的用法，這些領域都會高薪聘僱數學家。
只要了解人流或金流會如何變動，就能先下手為強。那正是微分的最大用處。

原來如此。

另一方面，積分和一開始做的相同，也就是將數據暫時替換為函數，只要換成函數，就能使用積分公式知道面積。

沒有只限於求面積對吧。

不過，如果跟營業額有關，就要掌握「面積＝累積營業額」的概念對吧？

知道到目前為止的營業額，後面的只要再加上去就好。不過，如果想預測 1 個月後的營業額，就用函數積分即可。

➡️ 「數學家」「AI」「統計學家」的差別

順便問一下，現在說的「以適配為基礎來預測未來」，是 AI 也在做的事嗎？

不一樣（斷然）。

現在流行的 AI 被稱為機器學習，是「從過去龐大的數據找出相似的模式來預測」的意思。

比方說委託 AI 判斷投資，是假設先讓它學習主要大公司過去的股價動態，與現實發生的動態股價相比，若出現相近的，就判讀「可能會上漲、可能會下跌」等，主要並沒有使用到微分積分。

沒有因果關係的預測啊。

對。比方說亞馬遜讓 AI 判斷「買了 A 商品的顧客也可能買了 B 商品」，但是世界不全然都是這樣運作的。

「波形相似就會有類似的波動」這種想法，我會覺得有點太天真了。

函數的優點……是有憑有據。

對。當然也有函數做不到的部分，那時就由 AI 來填補即可。不過，**某件事如果能以函數表示，也代表他的根據和背景是強而有力的**。而且做成函數，就能自由變換 x，也就是，**具有再現性**。

統計學家最擅長的？

也不完全是那麼回事。因為**統計這門學問，不擅長處理隨時間變化的現象**。在標準差的內容時提過的「分布」，是不隨時間變化為前提。如果考量時間的話，就不能稱為分布了。所以統計學不太適合處理變動的數據。所以話說回來，想知道不太有變動的模式時，統計學就可以很活躍。

嗯哼。用 AI 預測未來的依據很薄弱；而統計雖然有根據，但卻不擅長變動。那麼，如果某個企業想使用大數據，是要聘用**兩種方式都擅長的數學家**嗎？

就是那麼回事。當然也會依有什麼材料與想要做什麼而改變，但能函數化的數學家是最厲害的。
因為**「能以理論為基礎預測未來的，只有好好學過數學的人」**。

很容易理解呢。而且適配的內容很廣，感覺任何有變化的東西都能使用。

 對。所以微分積分應用在商務也好、政府也好、投資也好、醫療也好，都沒問題。
我的頭銜是數理學家，因為數理學家是對生活中發生的現象，用數學轉換成能處理的問題的式子。

 之前看到函數圖表完全無法和現實生活連結，今天徹底改變了我的看法。

 大家看到函數都會覺得過於抽象，是遙遠的存在，事實上完全相反。函數是為了將現實的課題，化為可以深入處理的道具呢。**函數化的瞬間，就是在微分積分的土壤上發芽。**所以……

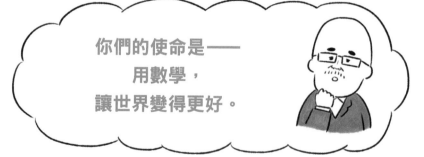

你們的使命是——
用數學，
讓世界變得更好。

我總是這麼跟研究室的學生這麼說。

 哇～～～，最後聽到超感動的一句話！
超棒的課程，感激不盡！！！（淚）

後記

感謝各位看完這本書。

託各位的福，前作《真希望國中數學這樣教》出版後獲得廣大的迴響，雖然其中有不少感想來自國中生……。

咦？大家有確實看到嗎？書本上寫著大大的「中學生不要看」幾個字。好孩子是一定不能看的。

然後因為這次的內容更不宜的緣故，
我們寫著
18 禁。

真的是高中生不宜啦！
這本書是寫給「成年人」看的。

話雖如此，還是希望各位能體驗到「在學校上課後搞得一頭霧水的人，讀完這本書能豁然開朗、撥雲見日」。
我很希望能從讀者那邊聽到——
「原本很苦惱的東西，原來是這麼回事啊！」這句話。

各位一定也會這樣。「什～麼嘛，結果是這樣啊……」隨之放下占據心中已久的大石頭的瞬間。
正因如此，才有閱讀本書的樂趣。為了不要剝奪這樣的樂趣……所以未滿 18 歲的各位，還是先在學校充分地吃足苦頭吧（笑）。
此外，數學專家也並非本書的閱讀對象，請不要一邊看一邊發飆說出「根本不嚴謹！」這類的話。

這次為了將「高中文組」的內容再提升一個層級，

不知道各位有沒有發現，代數、分析、幾何的說明（除去附錄的理組課程篇章）竟然比國中版「還要少」。

而這也是我想傳達的重要訊息。

也就是，國中數學這個基礎是何等重要，只要打好基礎，從那之後就能輕鬆走上階梯。

可以將那當作是「高中文組數學」的大前提。

這本書的確有幾個不熟悉的武器登場，不過就當作是「沒有裝備也能攀爬，不過是為了登高能更輕鬆」的工具吧。只要記住使用方法，就肯定能一直前進。

若是國中版時已解鎖「二次方程式」這個道阻且長的內容，各位「取得高中版的裝備」前進時，應該會覺得簡單更多吧。

我所尊敬的某位研究學者曾經說過「學習數學，人生的選擇會變多。」，我非常喜歡這句話。

獲得許多數學裝備後，在生活中能了解的事、能做的選擇真的會增加。非常樂見各位以本書為基底，無止盡地往高處攀爬！並且，逐一解決生活中的問題！

如此，這次挑戰了以最少的篇幅上完高中文組數學及理組重點內容，不知道這番胡搞瞎搞，各位還滿意嗎？

那麼就期待下次再相會了，再見！

寫於初夏
西成活裕

台灣廣廈 國際出版集團
Taiwan Mansion International Group

國家圖書館出版品預行編目（CIP）資料

真希望高中數學這樣教：系列暢銷20萬冊！跟著東大教授的解
題祕訣，6天掌握高中數學關鍵！/西成活裕, 鄉和貴著；張郁萱
譯. -- 初版. -- 新北市：美藝學苑出版社, 2021.11
面； 公分
ISBN 978-986-6220-42-5(平裝)

1.數學教育 2.中等教育

524.32 110016465

真希望高中數學這樣教
系列暢銷20萬冊！跟著東大教授的解題祕訣，6天掌握高中數學關鍵！

作 者／西城活裕、鄉和貴	編輯中心編輯長／張秀環
翻 譯／張郁萱	封面設計／林珈仔‧**內頁排版**／菩薩蠻數位文化有限公司
審 訂／陳鵬旭	製版‧印刷‧裝訂／東豪‧弼聖‧秉成

行企研發中心總監／陳冠蒨	線上學習中心總監／陳冠蒨
媒體公關組／陳柔彣	數位營運組／顏佑婷
綜合業務組／何欣穎	企製開發組／江季珊、張哲剛

發 行 人／江媛珍
法 律 顧 問／第一國際法律事務所 余淑杏律師‧北辰著作權事務所 蕭雄淋律師
出 版／美藝學苑
發 行／台灣廣廈有聲圖書有限公司
　　　　地址：新北市235中和區中山路二段359巷7號2樓
　　　　電話：（886）2-2225-5777‧傳真：（886）2-2225-8052
讀者服務信箱／cs@booknews.com.tw

代理印務‧全球總經銷／知遠文化事業有限公司
　　　　地址：新北市222深坑區北深路三段155巷25號5樓
　　　　電話：（886）2-2664-8800‧傳真：（886）2-2664-8801
郵 政 劃 撥／劃撥帳號：18836722
　　　　劃撥戶名：知遠文化事業有限公司（※單次購書金額未達1000元，請另付70元郵資。）

■出版日期：2021年11月　　　■初版4刷：2024年02月
ISBN：978-986-6220-42-5　　版權所有，未經同意不得重製、轉載、翻印。